☆ はじめに ☆

わたしたちは、日々、ことばを使っています。「話す」、「聞く」そして、「読む」、「書く」です。しかし、それよりも大切なことは、ことばで物事を考えるということです。

今、子どもたちに必要な力として、「読解力」や「自己表現（発信）力」などが課題と強調されていますが、これらの大木になるのが読み書きを中心とした国語力を育てることでしょう。

わたしたちは、豊かな言語活動を進めるために、本書『ことばの習熟プリント　あそび編』シリーズを作成しました。

低学年、中学年、高学年と、それぞれの子どもの発達に応じて、より楽しく興味・関心を持って学習が進むように編集しました。

一日一ページ、ことばの楽しさ、面白さを味わいながら学習を進めていただきたいのです。それに加え、子どもたちには読書をする機会をたくさん与え、少しでも論理的思考力が身につくことを願っています。

☆『ことばの習熟プリント　あそび編（低学年）』特長 ☆

JN087030

わたしたちは、毎日、ことばを使って、話したり、聞いたり、読んだり、書いたりしています。ことばのない世界は考えがえられません。

ヘレン・ケラーは、小さいころの病気で、目が見えなくなり、耳も聞こえなくなり、話をすることもできなくなりました。

そのとき、ことばを知らなかったのです。だから、すぐにおこったり、よろこんだり、といった気持ちだけしかありませんでした。

しかし、自分のまわり全てのものに名前があることがわかってくると、自分がわるかったな、と思う心や、あい手のことを思いやる心が育っていったのです。

ことばは、心とふかいつながりがあります。

だから、一・二年生のときは、楽しみながら、たくさんことばを学んでほしいと思います。

そのために、次のような手立てを考えました。

☆　あたまのたいそう（文字やかん字のかくれんぼ・なぞなぞ・めいろ・クロスワード）

☆　かんようく・ことわざ

☆　かん字でダジャレ・じゅくごであそぼうなど

このプリントは「ことばの習熟プリントあそび編」ですから、あそんでいるようなかんじで取り組んでください。

各ページの★印は、むずかしさをあらわしていて、★は1年生、★★は2年生が対象です。

☆ことばの習熟あそび編低学年　もくじ

ひらがなの　かくれんぼ　①

なまえ

がつ　　にち

1　→に　読《よ》むと　ことばに　なります。かくれている　ひらがなを　□に　書《か》きましょう。

①

□	わ	し
る		
か		

②

□	む	り
い		
と		

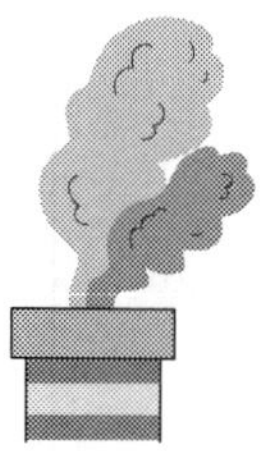

③

□	つ	お
れ		
い		

④

□	な	ぎ
ど		
ん		

⑤

□	ん	き
ん		
わ		

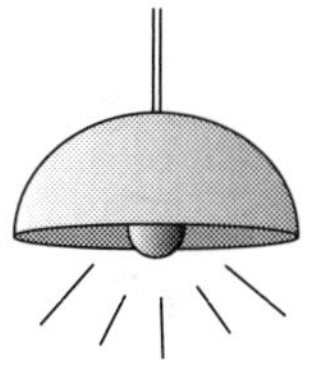

⑥

□	く	ま
ら		
れ		

2　つぎの　ことばに　一文字《ひともじ》　入《い》れると　べつの　ことばに　へんしん　します。どんな　ことばに　なりますか。

①  かめ ⇓ □□□ 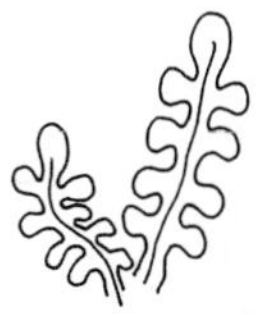

②  くら ⇓ □□□ 

③  きね ⇓ □□□ 

④  たこ ⇓ □□□ 

⑤  くり ⇓ □□□ 

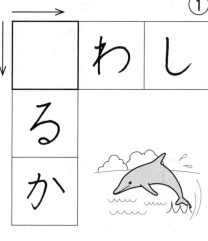

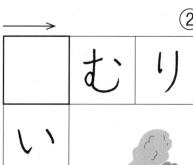

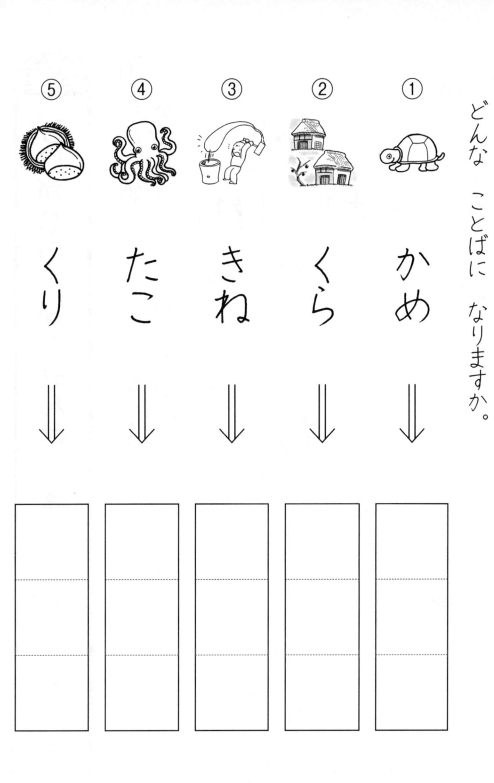

ひらがなの かくれんぼ ②

なまえ

がつ　にち

1 →に 読《よ》むと ことばに なります。
かくれている ひらがなを □に 書《か》きましょう。

①

	な	
す	□	れ
	だ	

②

	ね	
す	□	め
	み	

③

	う	
つ	□	み
	わ	

④

	た	
す	□	か
	こ	

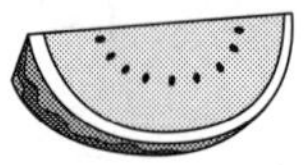

⑤

	う	
あ	□	ひ
	ぎ	

⑥

	い	
う	□	わ
	ご	

2 つぎの ことばに 二文字《にもじ》 入《い》れると べつの ことばに へんしん します。
どんな ことばに なりますか。

①  いす ⇓ □□いす 

②  つき ⇓ □□つき 

③  もり ⇓ □□もり 

④ 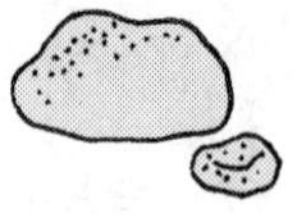 いし ⇓ い□□し 

⑤ 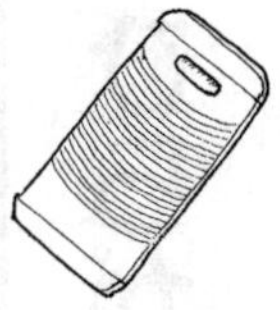 いた ⇓ □いた□ 

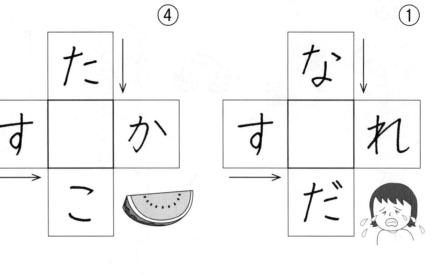

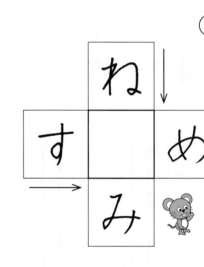

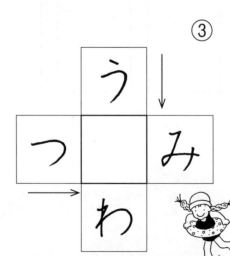

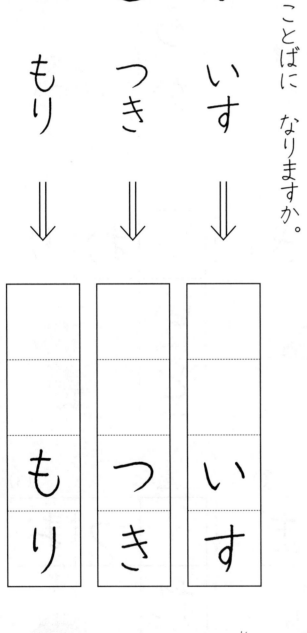

ひらがなの かくれんぼ ③

なまえ

がつ　にち

1 □に かくれている ひらがなを 書《か》きましょう。①から ③や ①から ④の 答《こた》えで できる ことばも 書きましょう。

(1)

①

□	と	う
い		
ふ		

②

□	す	り
る		
ま		

③

□	く	だ
っ		
こ		

①
②
③

(2)

①

	は	
お	□	か
	び	

②

	お	
せ	□	い
	ず	

③

	ひ	
も	□	う
	こ	

④

	う	
は	□	ご
	ろ	

①
②
③
④

2 絵《え》の ことばを 見《み》つけて 色《いろ》を ぬりましょう。
また、のこった 字《じ》で できる ことばを □に 書きましょう。

た	け	の	こ	と	さ	ら
ま	は	た	お	け	る	い
ね	あ	え	り	い	ぬ	お
ぎ	し	ろ	う	そ	く	ん

からだ

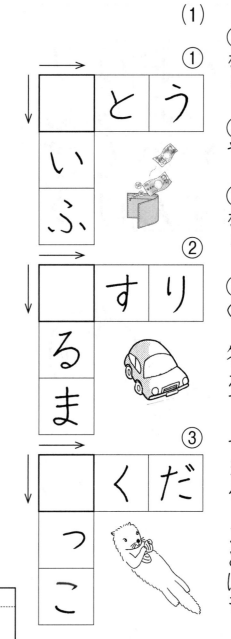

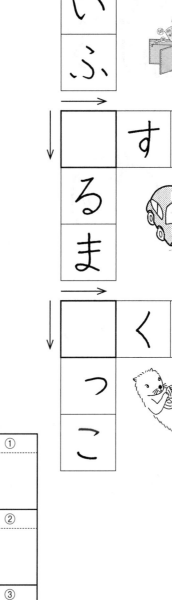

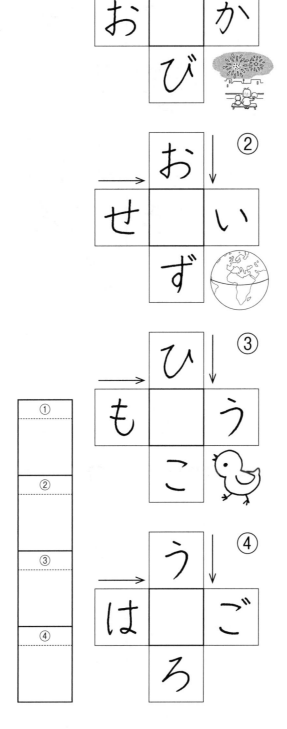

ひらがなの　かくれんぼ　④

なまえ

がつ　　にち

1 □に　かくれて　いる　ひらがなを　書《か》きましょう。
①から　④の　答《こた》えで　できる　ことばも　書きましょう。

(1)

①

	て	
に	□	ん
	ん	

②

	た	
そ	□	じ
	え	

③

	お	
さ	□	な
	ず	

④

	し	
き	□	う
	と	

①□ ②□ ③□ ④□

(2)

①

	あ	
こ	□	え
	ま	

②

	え	
き	□	ろ
	ご	

③

	ど	
か	□	う
	う	

④

	く	
す	□	じ
	き	

①□ ②□ ③□ ④□

2 絵《え》の　ことばを　見《み》つけて　色《いろ》を　ぬりましょう。
また、のこった　字《じ》で　できる　ことばを　□　に　書きましょう。

さ	い	こ	ろ	お	は	り
に	ふ	ま	つ	み	ら	ん
あ	め	ち	や	か	ん	ご
は	ゆ	な	す	ん	け	う

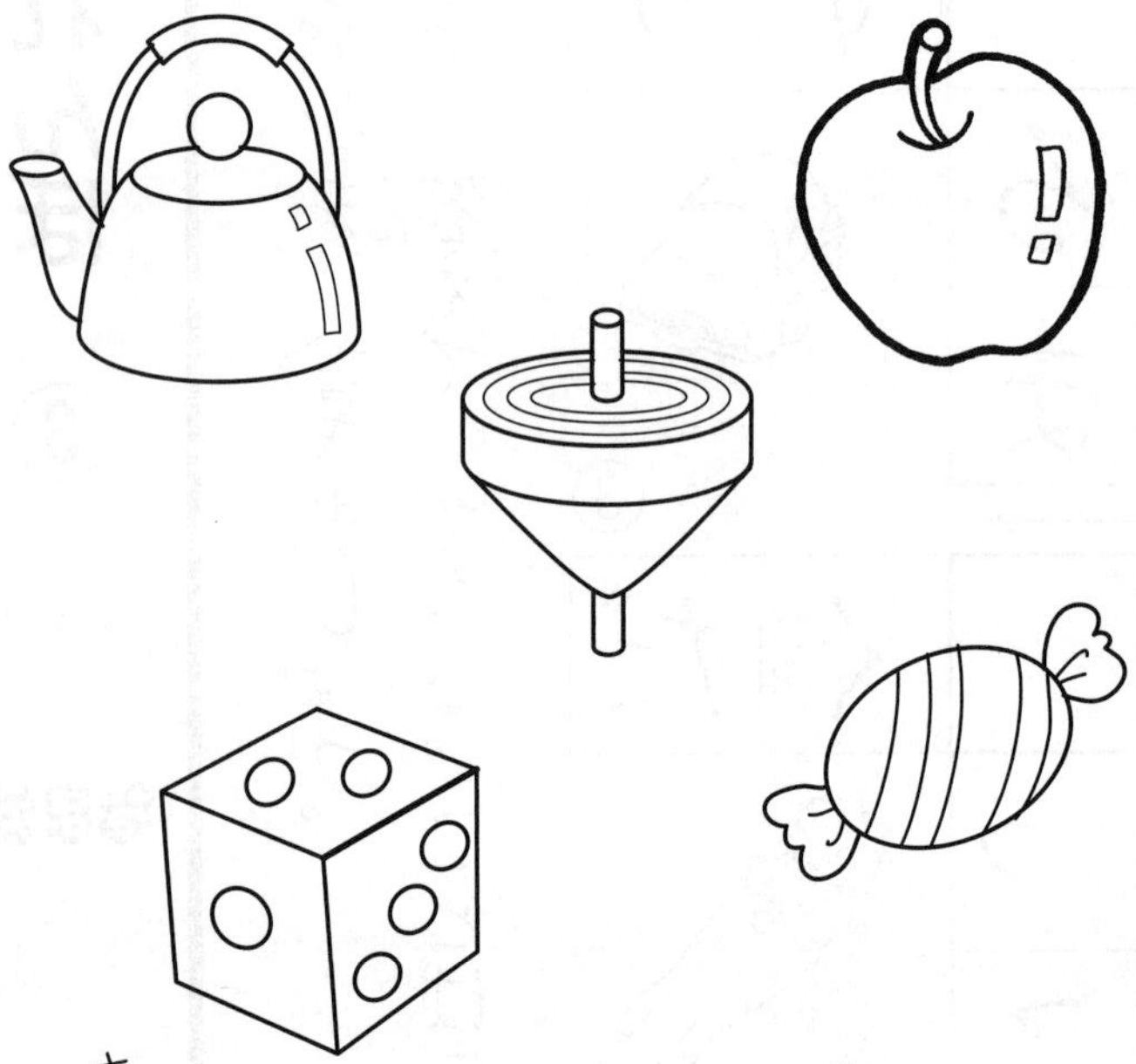

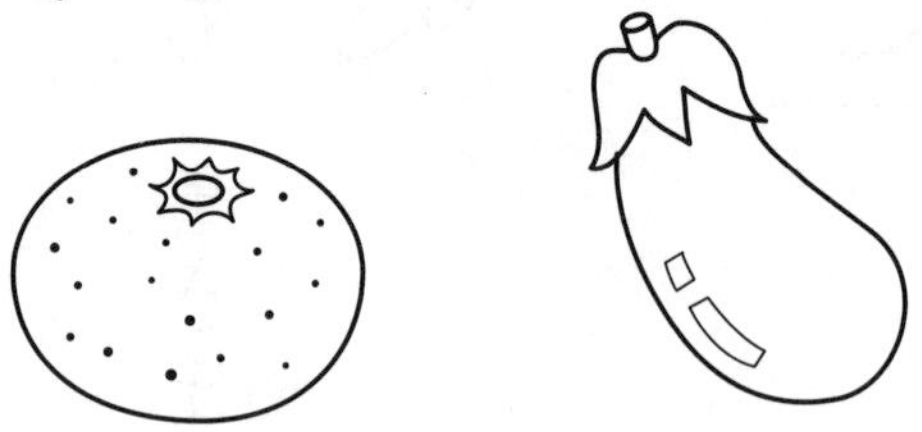

きせつ　□

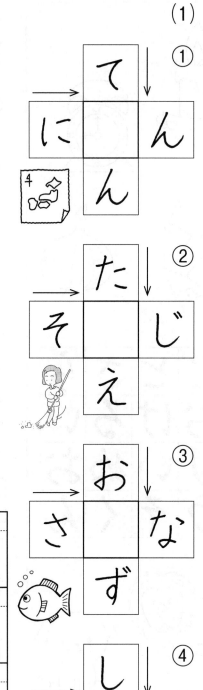

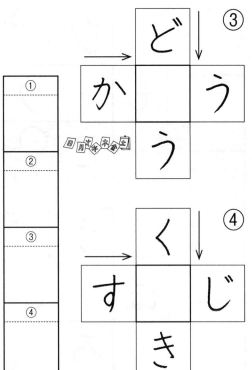

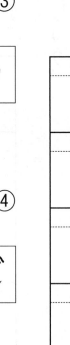

カタカナの かくれんぼ ①

なまえ

がつ　にち

1 →に 読《よ》むと ことばに なります。かくれている カタカナを □に 書《か》きましょう。

① 

↓ ク イ □

→ パ □ ル

② 

↓ テ ニ □

→ デ □ ク

③ 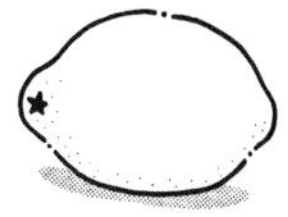

↓ レ モ □

→ ピ □ ク

④ 

↓ フ ラ □

→ ラ □ ス

⑤ 

↓ テ ー ブ □

→ イ □ カ

2 つぎの ことばに 文字《もじ》を 入《い》れると べつの ことばに へんしん します。どんな カタカナの ことばに なりますか。

①  かめ ⇓ □□□ 

② 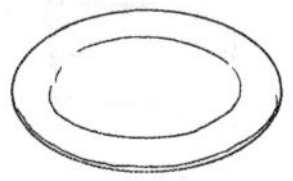 さら ⇓ □□□ 

③  まと ⇓ □□□ 

④  くし ⇓ □□□ー 

⑤  あし ⇓ ア□□シ 

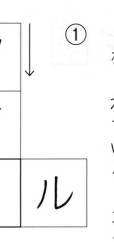

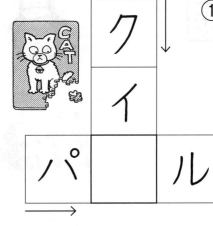

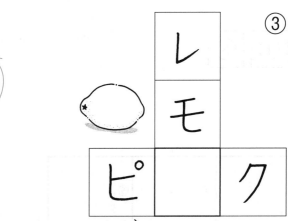

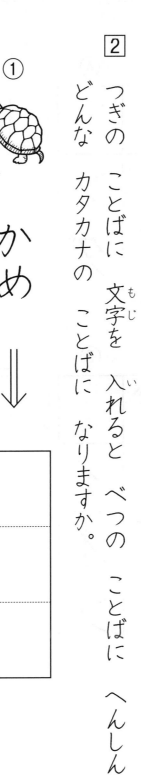

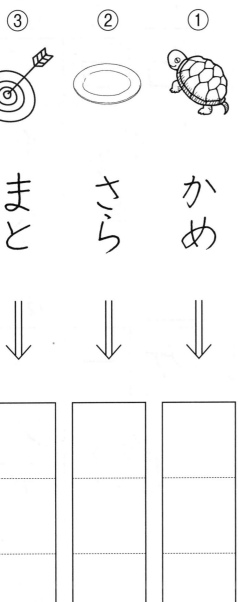

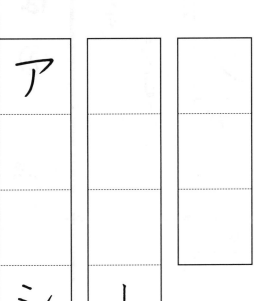

カタカナの かくれんぼ ②

なまえ

がつ　にち

1 →に 読《よ》むと ことばに なります。
かくれている カタカナを □に 書《か》きましょう。

①

→		↓
コ	コ	□
		イ
		ス

②

→		↓
ケ	ー	□
		ン
		グ

③

→		↓
コ	ー	□
		ー
		ズ

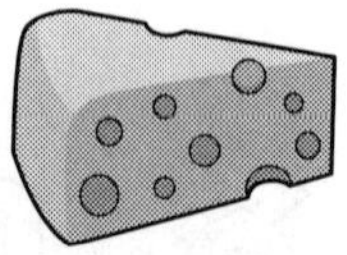

④

→		↓
ラ	ッ	□
		ン
		ダ

⑤

→		↓
ク	ジ	□
		イ
		オ
		ン

2 どうぶつの 名前《なまえ》が かくれて います。
①から ⑤に 入《はい》る カタカナを 書きましょう。

(1) ペ①ギ①

(2) ②①ダ

(3) チ①②①ジー

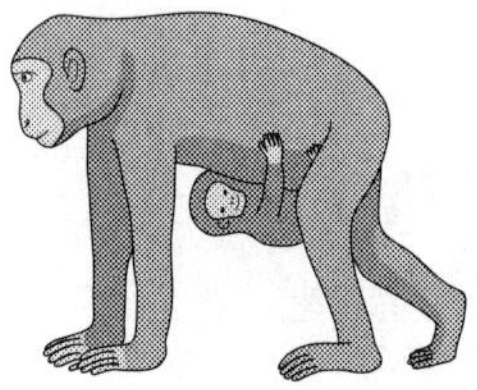

(4) ③④オ①

(5) ⑤リ③

(6) フ③ミ①⑤

①	②	③	④	⑤

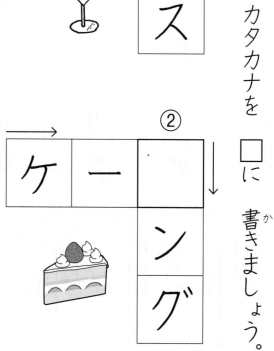

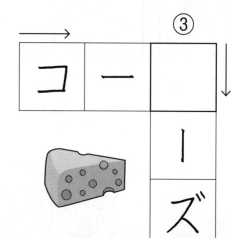

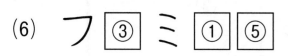

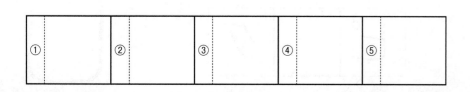

一文字 ちがうだけで ①

なまえ

がつ にち

1 上《うえ》の 絵《え》に 「っ」が 入《はい》ると べつの ことばに なります。ひらがなで 書《か》いて、絵と ことばを 線《せん》で むすびましょう。

① 

② 

③ 

④ 

⑤ 

㋐ 

㋑ 

ま

㋒ 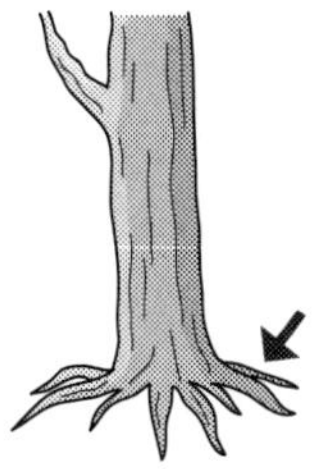

㋓ 

な

㋔ 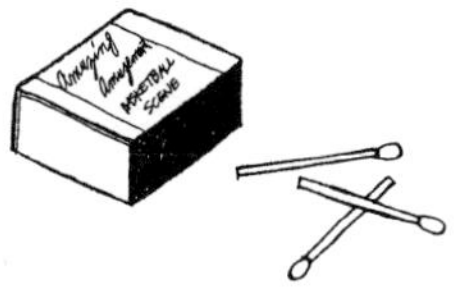

ま

2 絵を 見《み》て、ひらがなで 答《こた》えましょう。

(1) どんな おしごと ですか。

㋐ 

いしゃ

㋑ 

(2) おかあさんは、どこへ 行《い》きましたか。

㋐ 

び
ん

㋑ 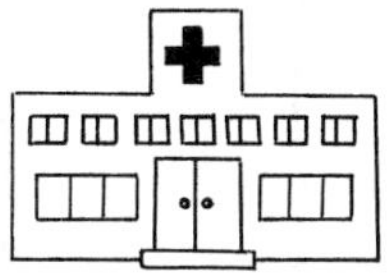

一文字　ちがうだけで　②

なまえ

がつ　にち

1 「゛」の つく ことばに へんしん します。絵《え》を 見《み》て、□に ひらがなで 書《か》きましょう。

① ゛ → □ 

② ゛ → □□ 

③ ゛ → □□ 

④ ゛ → □□ 

⑤ ゛ → □□ 

⑥ ゛ → □□□ 

2 「゛」の つく ことばに へんしん します。絵を 見て、□に ひらがなで 書きましょう。

① が゛をもつ。

さるが □□ を もつ。 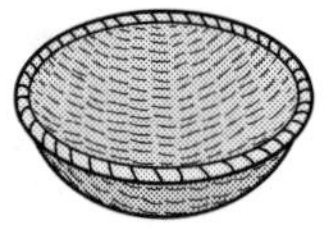

② が゛の上《うえ》にのる。

たいが □□ の 上に のる。 

③ が゛にヘンシン。

ふたが □□ に ヘンシン。 

④ 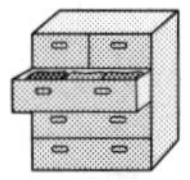が゛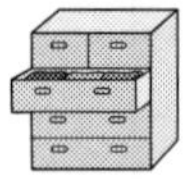をする。

たんすが □□□ を する。 

⑤ て、゛を切《き》る。

まけて、□□ を 切る。 

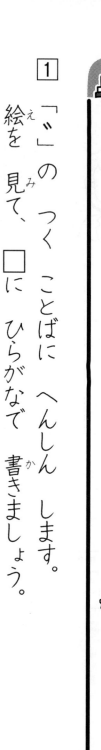

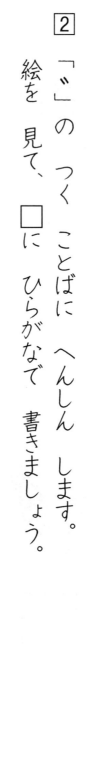

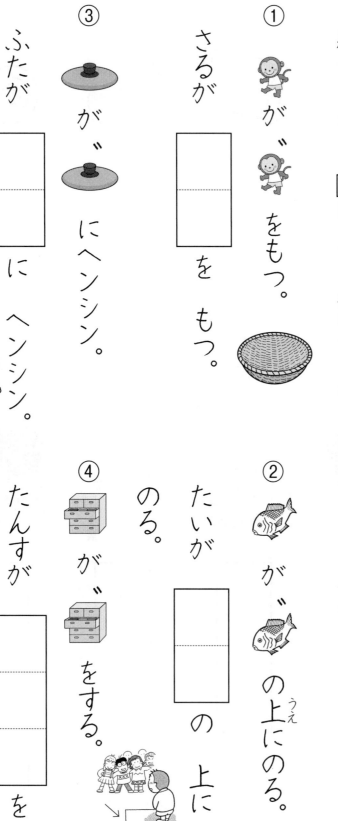

ことばの へんしん ①

なまえ

がつ　にち

1 一文字《ひともじ》だけ 入《い》れかえて、べつの ことばに へんしん させましょう。

① まくら ⇒ さくら　（花《はな》）

② うなぎ ⇒ 　（どうぶつ）

③ つばさ ⇒ 　（鳥《とり》）

④ いちじ ⇒ 　（食《た》べ物《もの》）

⑤ からだ ⇒ 　（鳥）

2 文字を 入れかえて、べつの ことばに へんしん させましょう。

① コイン（お金《かね》） ⇒ いんこ　（鳥）

② かるい ⇒ 　（海《うみ》の生《い》きもの）

③ くるみ ⇒ 　（のみもの）

④ くらい ⇒ 　（魚《さかな》のたまご）

⑤ けいと ⇒ 　（時《とき》をしめすもの）

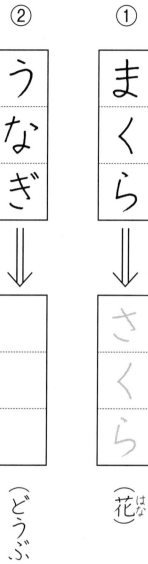

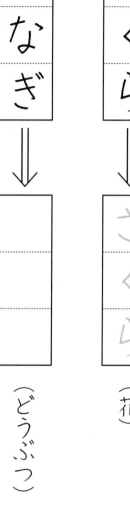

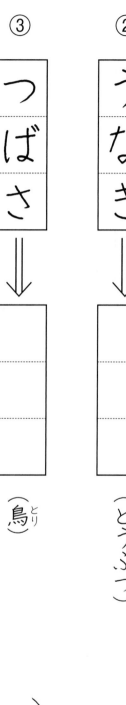

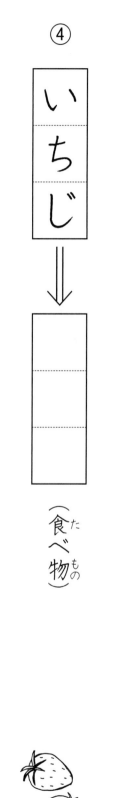

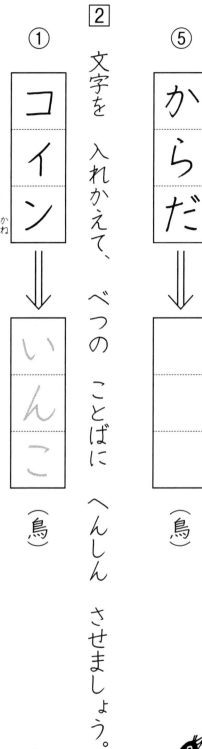

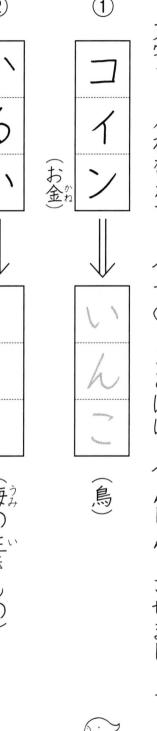

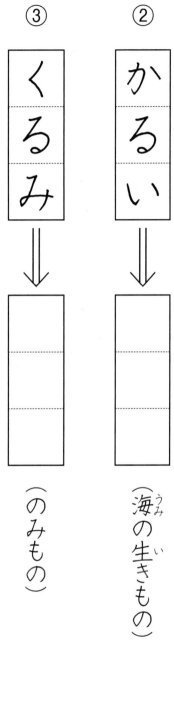

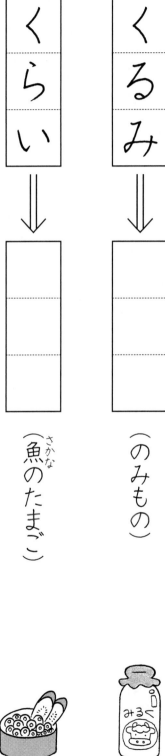

ことばの へんしん ②

なまえ

がつ　にち

1 かたかなの 文字《もじ》を 入《い》れかえて、どうぶつに へんしん させましょう。

① コラッ → ラッコ

② ジラク → □□□

③ カシア → □□□

④ イランオ → □□□□

⑤ トイナカ → □□□□

⑥ ワリトニ → □□□□

2 さいしょの 文字から □に 入《はい》る ことばを 考《かんが》えて、書《か》きましょう。わからない ときは、絵《え》を ヒントに しましょう。

①

き
き□
き□□
き□□□

②

さ
さ□
さ□□
ざ□□□

③

か
か□
か□□
か□□□
か□□□□

④

は
は□
ぱ□□
は□□□
は□□□□

ことばの へんしん ③

なまえ

がつ　にち

1 ひらがなの 文字《もじ》を 入《い》れかえて、草《くさ》や 花《はな》に へんしん させましょう。

① くらさ ⇒ さくら

② れすみ ⇒

③ くしつ ⇒

④ ぽんぽた ⇒

⑤ りまひわ ⇒

⑥ があおさ ⇒

2 さいしょの 文字から □に 入《はい》る ことばを 考《かんが》えて、書《か》きましょう。
わからない ときは、絵《え》を ヒントに しましょう。

①
た
た
た
だ

②
す
す
す
す き

③
し
し
し
し
じ ど

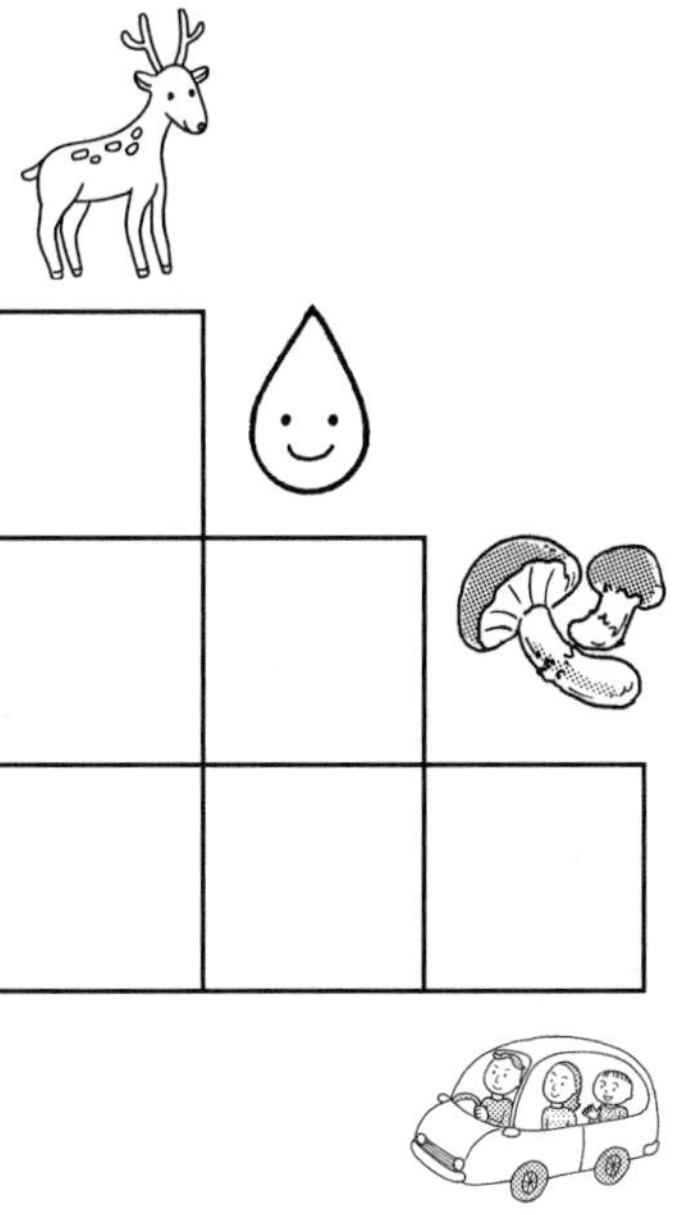

④
ピ
ピ
ピ
ピ
ピ

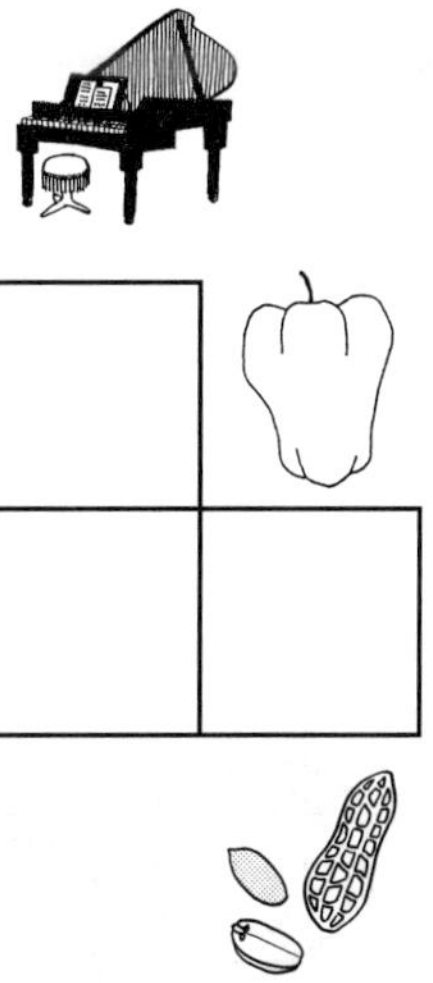

くっつきを さがせ ①

なまえ

がつ　にち

1 「は」と「わ」、正《ただ》しい 字《じ》を □ に 書《か》きましょう。

① わたし □ わらう。

② ねこ □ あそぶ。

③ にわ □ 広《ひろ》い。

2 「お」と「を」、正しい 字を □ に 書きましょう。

① お茶《ちゃ》 □ のむ。

② ごはん □ 食《た》べる。

③ 草《くさ》 □ ぬく。

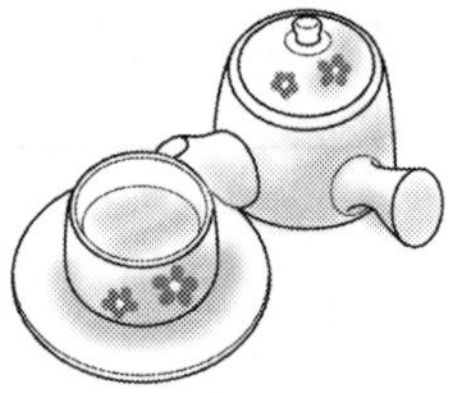

3 「え」と「へ」、正しい 字を □ に 書きましょう。

① ぼく は 学校《がっこう》 □ 行《い》く。

② 今《いま》から 図書《としょ》かん □ 行きます。

③ しんごう を 右《みぎ》 □ まがる。

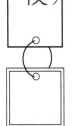

くっつきを　さがせ　②

なまえ

がつ　にち

1 どちらかが　正《ただ》しいでしょうか。正しい　文《ぶん》に　なるよう　○で　かこみましょう。

① 妹《いもうと》　ア（わ　は）、絵本《えほん》　イ（お　を）　読《よ》んでいます。

② ア（わ　は）　たし　イ（わ　は）、ウ（わ　は）　に　エ（お　を）　見《み》た。

③ ア（お　を）　じさん　イ（お　を）、ウ　むか（え　へ）　に　行《い》きました。

2 正しい　文字《もじ》を　えらんで　ゴールを　めざしましょう。

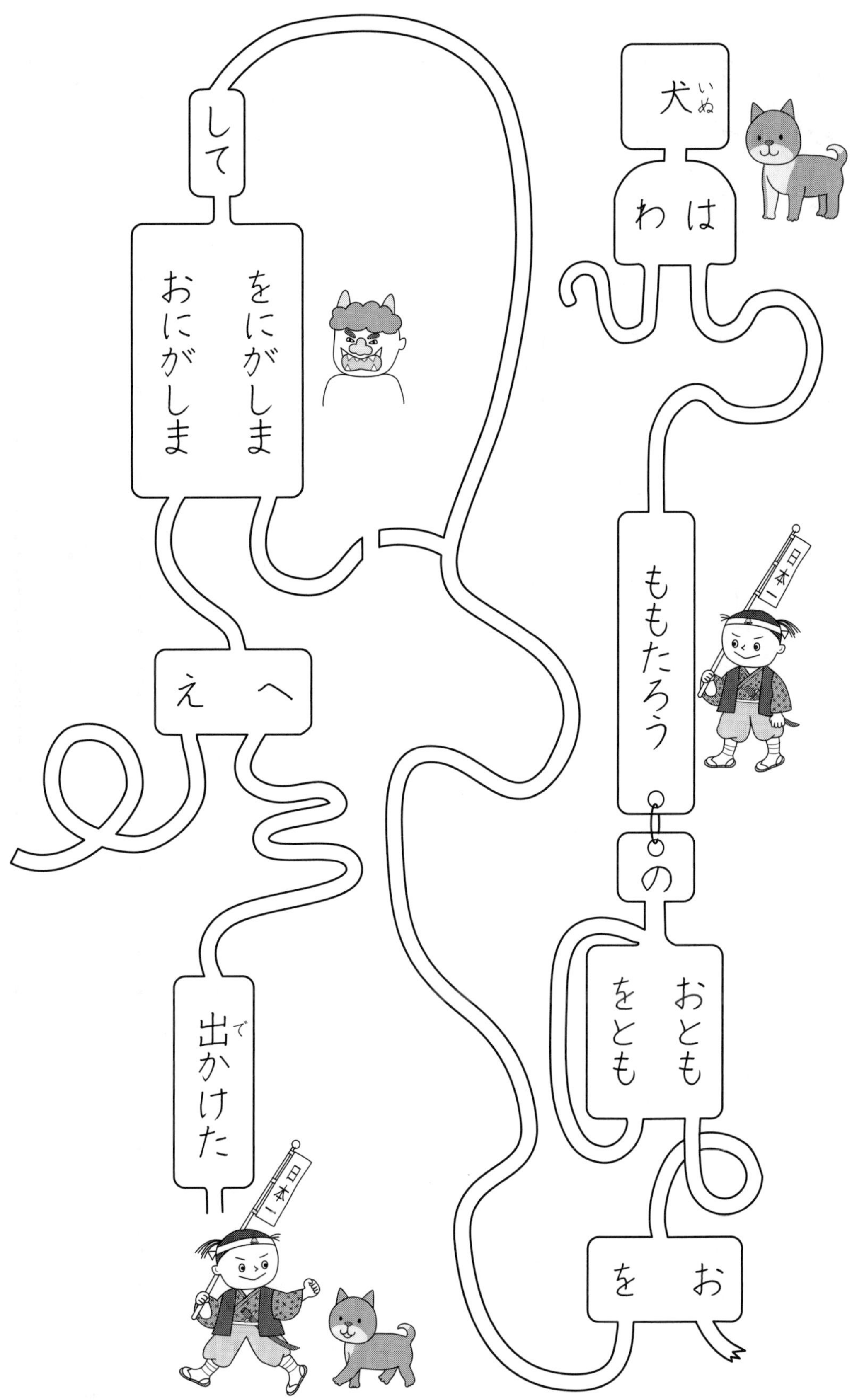

ようすを　あらわす　ことば

なまえ

がつ　にち

1　つぎの ＝ の　ことばを　べつの　言《い》い方《かた》に　します。合《あ》う　ことばを　線《せん》で　むすびましょう。

① たいようが　まぶしく　てっている。・
② 大《おお》きな　声《こえ》で　わらう。・
③ あそびに　行《い》けないので　あせっている。・
④ 頭《あたま》が　とても　いたい。・
⑤ 子《こ》どもが　気《き》もち　よく　ねている。・
⑥ だいじな　ことを　かんたんに　しゃべる。・

・ア　いらいらして
・イ　げらげら
・ウ　ぎらぎら
・エ　がんがん
・オ　ぺらぺら
・カ　すやすや

2　絵《え》の　ようすを　あらわしている　ことばは　どれですか。□から　えらんで　□に　記《き》ごうを　書《か》きましょう。

①
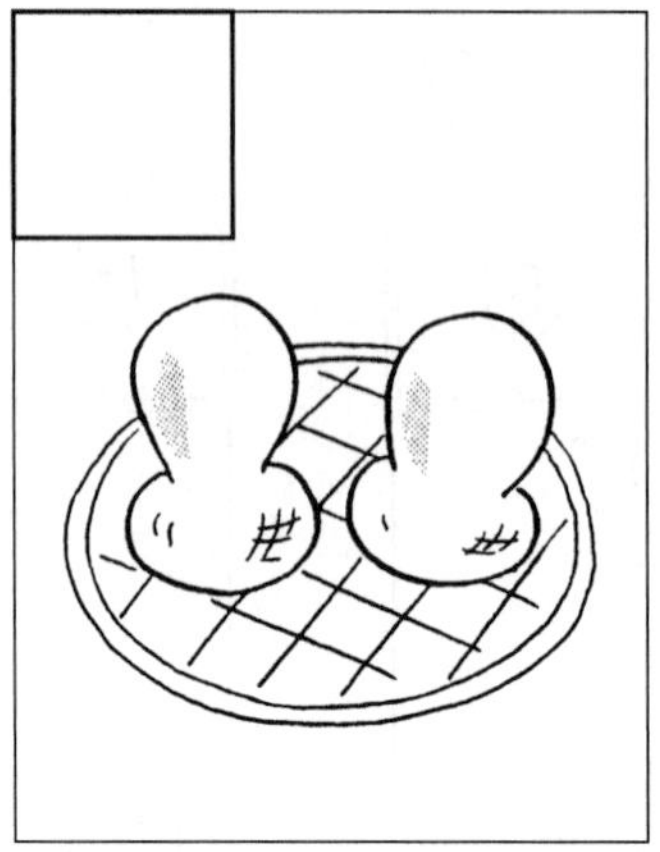

②

③

④

⑤
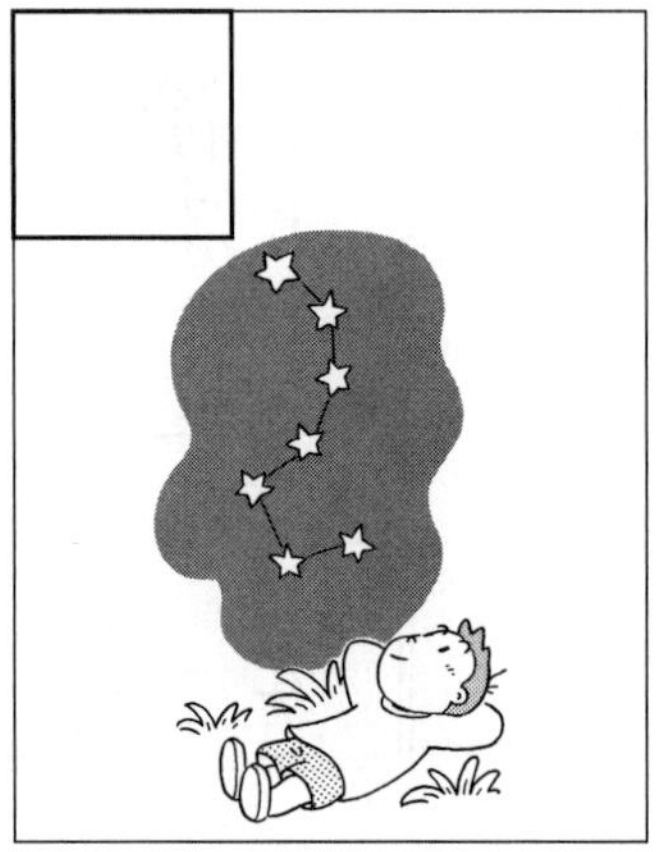

⑥

⑦

ア　わくわく　　イ　めらめら
ウ　すたすた　　エ　ふっくら
オ　すらすら　　カ　ひらひら
キ　きらきら

なかま ことば ①

なまえ

がつ　にち

つぎの 絵《え》を、見《み》て 名前《なまえ》を ひらがなで 書《か》きましょう。
そして、何《なに》の ことばが あつまっているか 答《こた》えましょう。

(1)

①

②

③

④

なかま ことば

名前	①	②	③	④

なかま ことば

(2)

①

②

③

④

なかま ことば

名前	①	②	③	④

なかま ことば

(3)

①

②

③

④
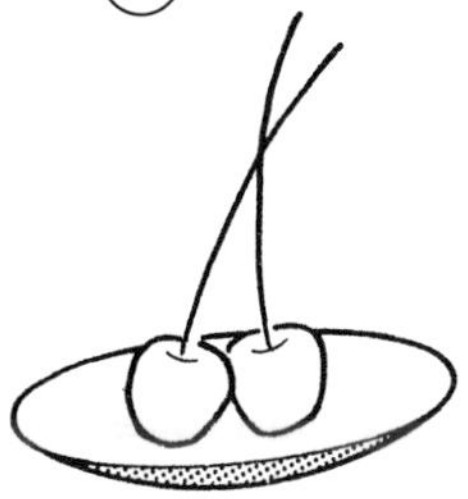

なかま ことば

名前	①	②	③	④

なかま ことば

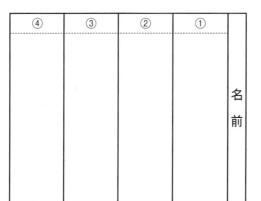

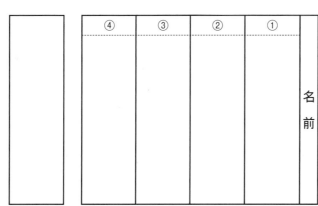

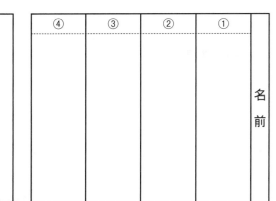

なかま ことば ②

なまえ

がつ　にち

1 同《おな》じ なかまの ことばです。
何《なに》の なかまの ことばか □ から えらんで 書《か》きましょう。

①

うんてんしゅ

かお

ゴリラ

すなはま

□ ことば

②

はなす

みる

たべる

きく

□ ことば

③
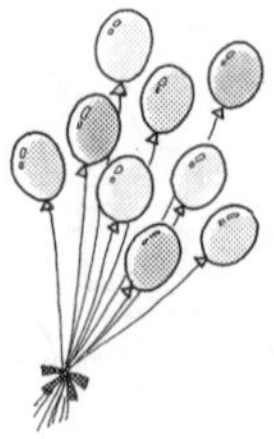
かるい

とおい
大きい

でこぼこだ

□ ことば

④

ふわふわ

ぴかぴか

ぱちぱち

びりびり

□ ことば

音《おと》やようす　うごき　ようす　名《な》まえ

2 つぎの 絵《え》は 何の なかまの ことばか 書きましょう。

すくない

バタン

フライパン

うろうろ

わらう

ことば	名まえことば	うごきことば	ようすことば	音やようす ことば
名まえ				

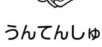

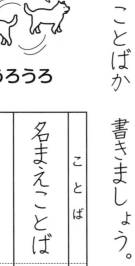

なかま ことば ③

なまえ

がつ にち

❀ なかまことばの 木《き》です。□に 入る ことばを □から えらんで 書《か》きましょう。

①

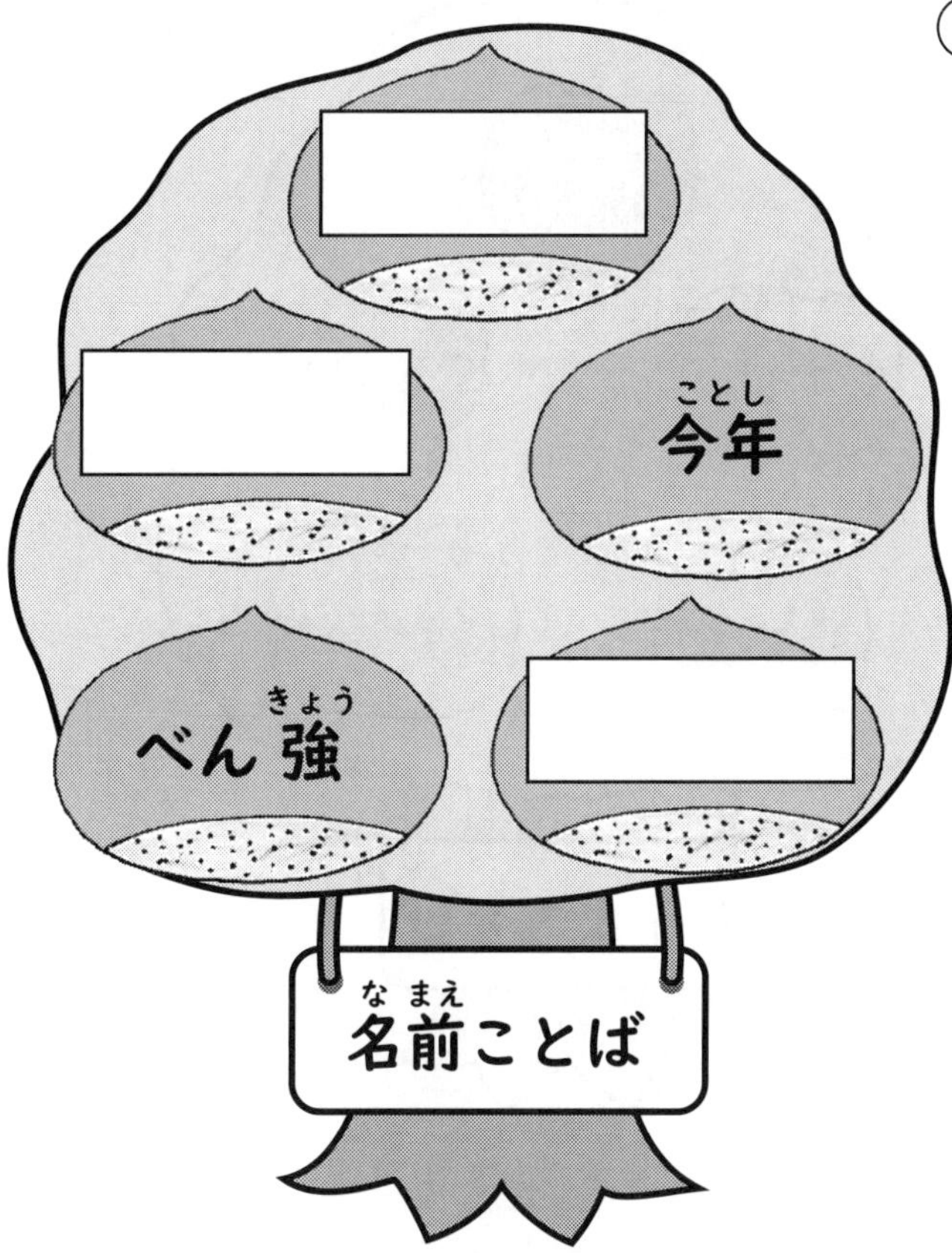

今年《ことし》
べん強《きょう》
名前《なまえ》ことば

②

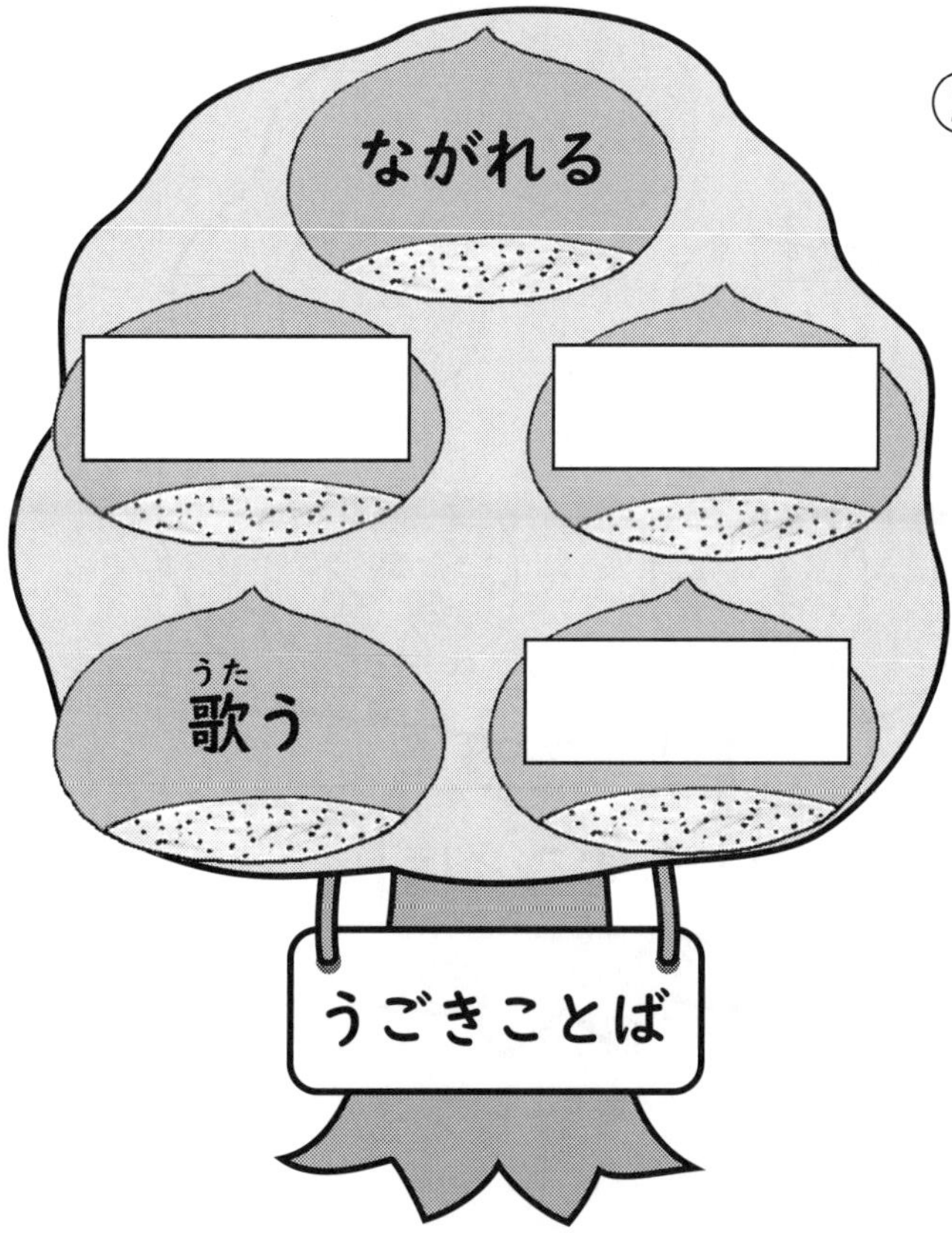

ながれる
歌《うた》う
うごきことば

りんご
書《か》く
しずかだ
トントン
公園《こうえん》
考《かんが》える
日本《にほん》
かわいい
よちよち
わらう
ゴロゴロ
やわらかい

③

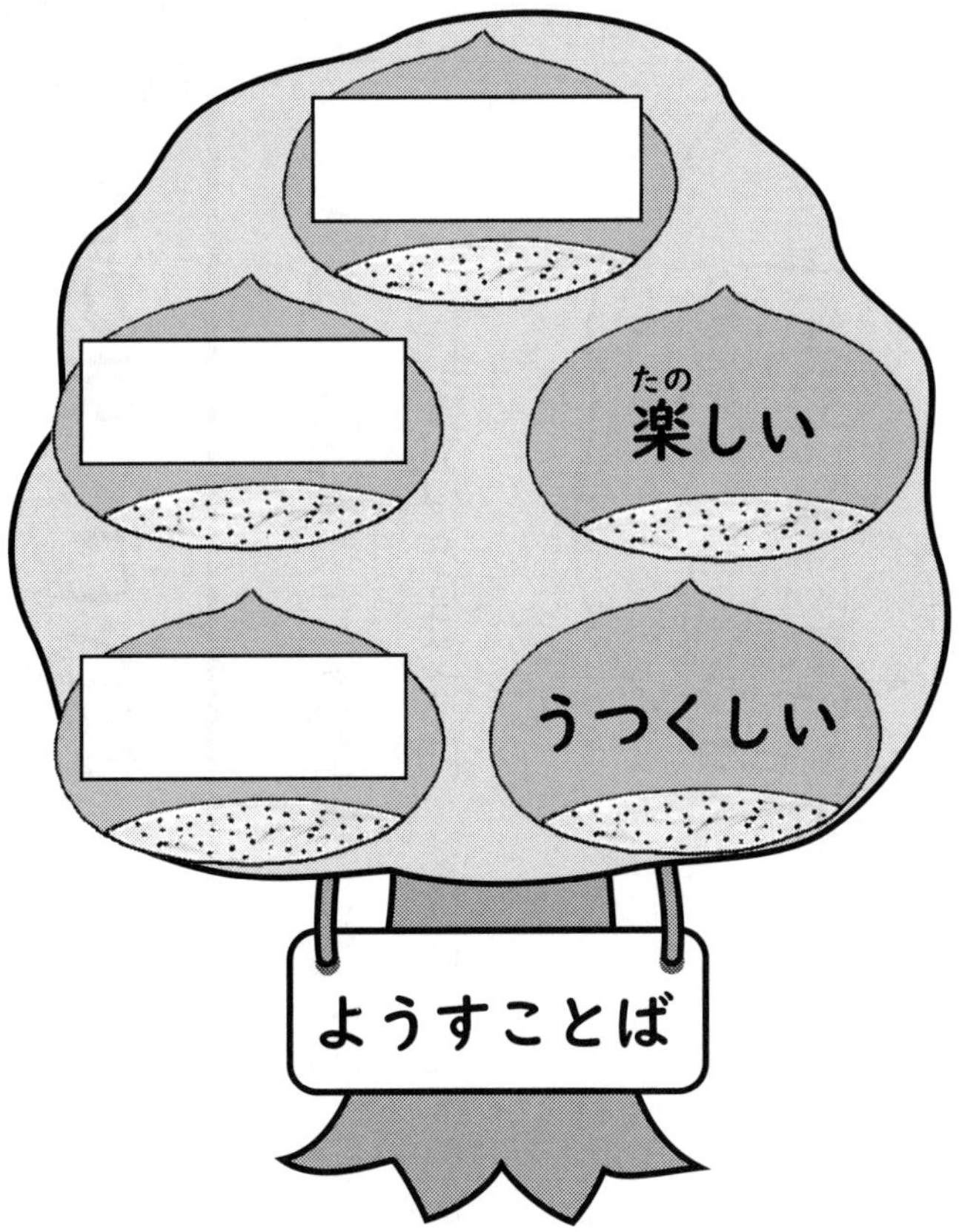

楽《たの》しい
うつくしい
ようすことば

④

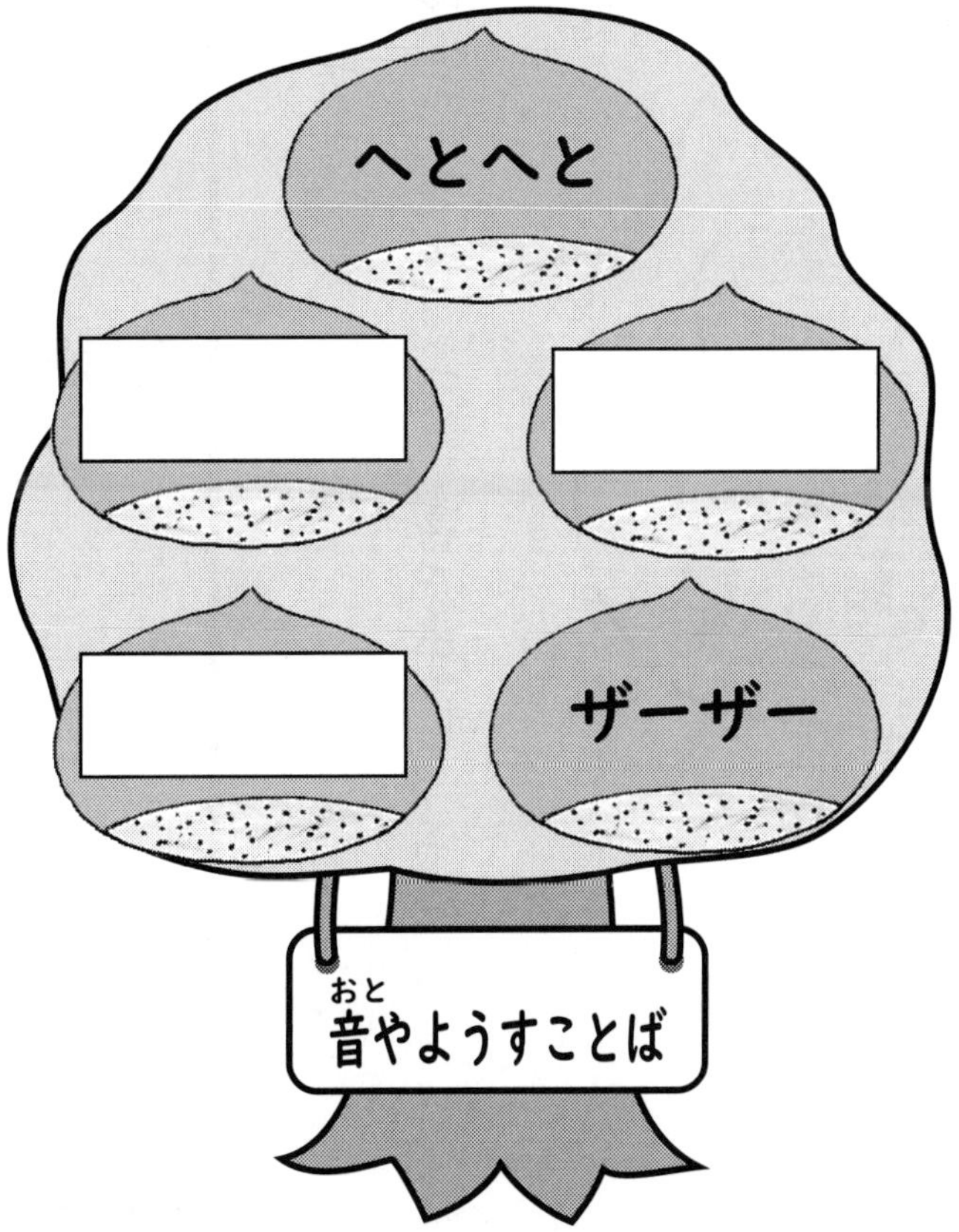

へとへと
ザーザー
音《おと》やようすことば

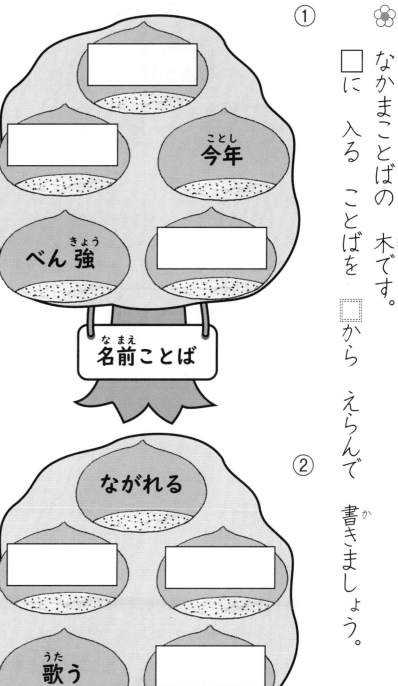

なかま　ことば　④

なまえ

がつ　にち

つぎの　絵《え》は　「なかまことばの　木《き》」です。
一《ひと》つだけ　なかまでは　ない　ことばを　さがして　書《か》きましょう。

①

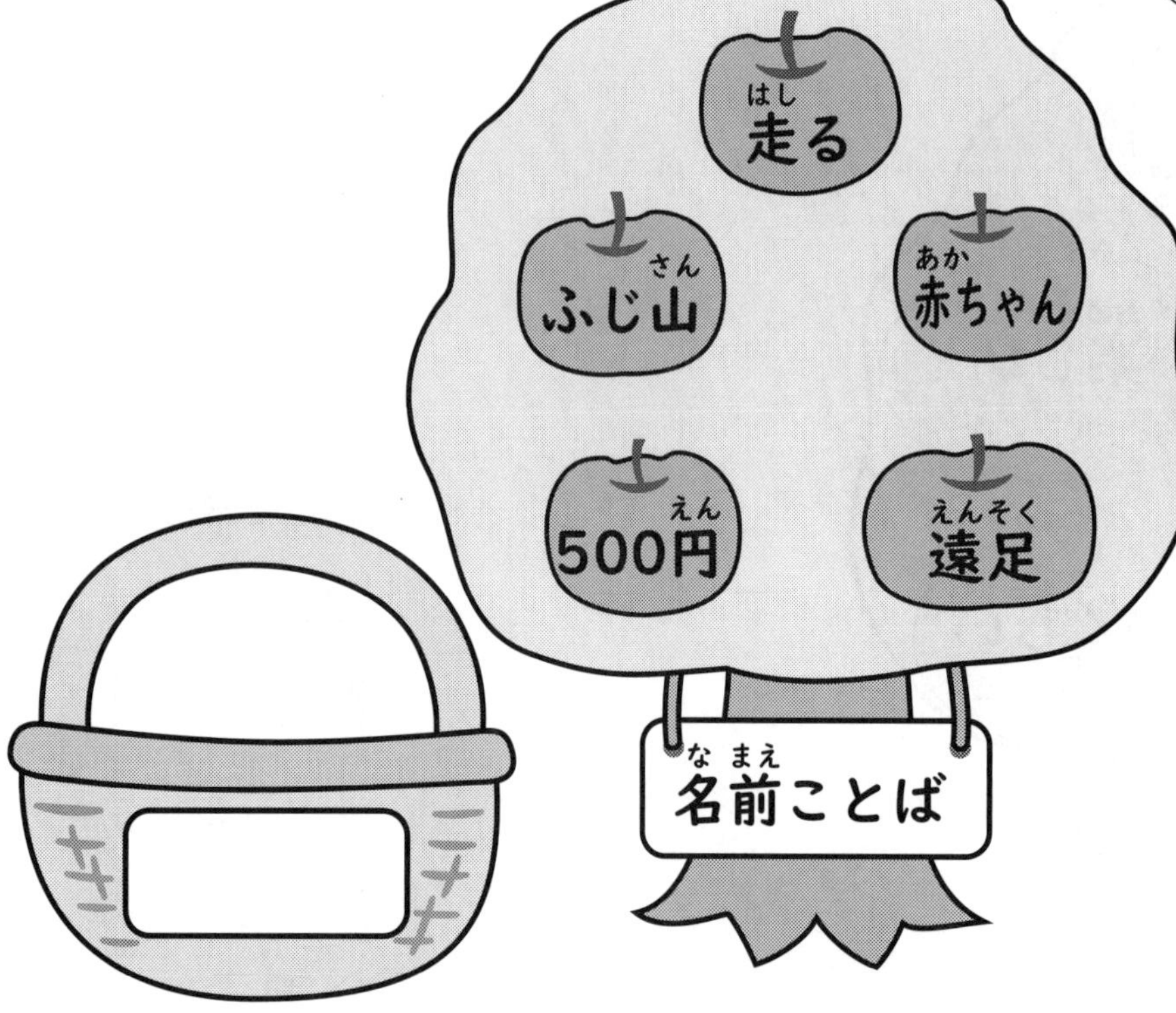

走《はし》る
ふじ山《さん》
赤《あか》ちゃん
500円《えん》
遠足《えんそく》
名前《なまえ》ことば

②

食《た》べる
あそぶ
切《き》る
生《い》きる
明《あか》るい
うごきことば

③

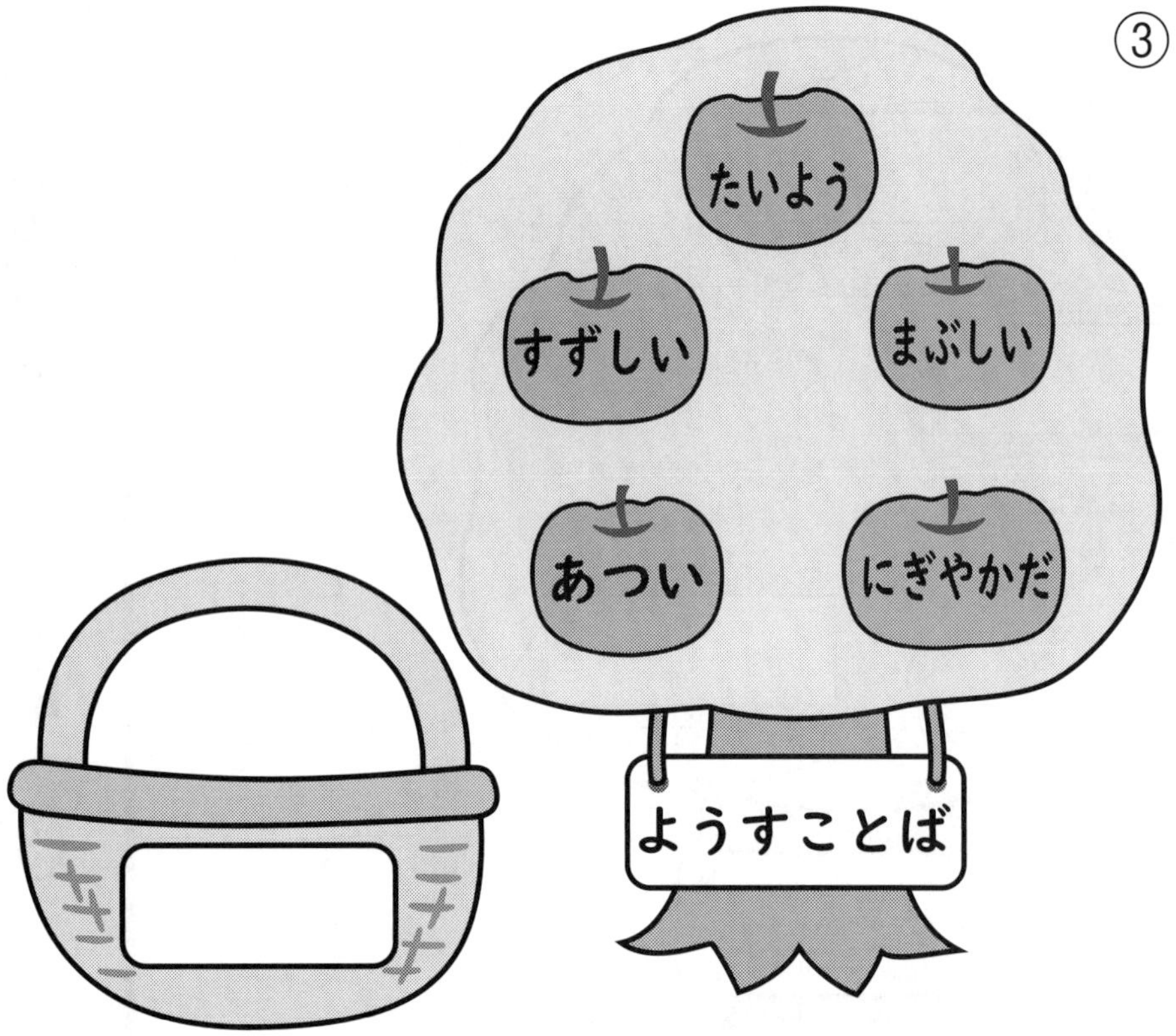

たいよう
すずしい
まぶしい
あつい
にぎやかだ
ようすことば

④

ゆっくり
ぐんぐん
もぐもぐ
ふわふわ
教室《きょうしつ》
ようすことば

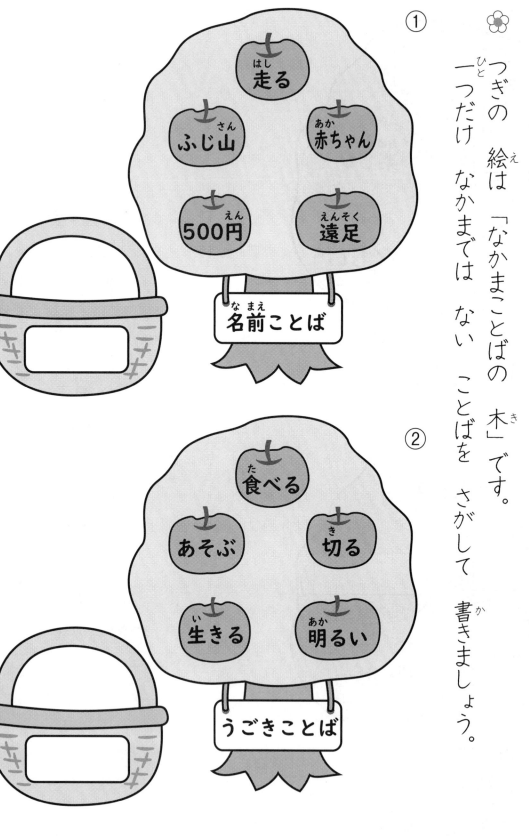

なかま　ことば　⑤

なまえ

がつ　にち

一《ひと》つだけ　なかまでは　ない　ことばが　あります。さがして　□に　記《き》ごうを　書《か》きましょう。

① わらう

㋐ ほほえむ
㋑ ニヤリと　する
㋒ カッと　する
㋓ にっこり　する
㋔ ニコニコ　する

なかまで　ない　ことば　□

② かなしい

㋐ 心《こころ》が　いたい
㋑ せつない
㋒ やりきれない
㋓ つらい
㋔ やりきる

なかまで　ない　ことば　□

③ 多《おお》い

㋐ かぞえるほど
㋑ たくさん
㋒ いっぱい
㋓ いくつも
㋔ 大《たい》りょう

なかまで　ない　ことば　□

④ 弱《よわ》い

㋐ もろい
㋑ びくともしない
㋒ か細《ぼそ》い
㋓ ひよわ
㋔ われやすい

なかまで　ない　ことば　□

⑤ おこる

㋐ はらが　たつ
㋑ ぷんぷん
㋒ カッと　なる
㋓ えがおに　なる
㋔ 頭《あたま》に　くる

なかまで　ない　ことば　□

⑥ 楽《たの》しい

㋐ ゆかい
㋑ 心地《ここち》よい
㋒ しあわせ
㋓ ワクワク
㋔ くるしい

なかまで　ない　ことば　□

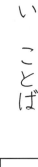

なかまの ことばを ぬろう

なまえ

がつ　にち

1 たべものの 名前《なまえ》に 色《いろ》を ぬりましょう。何《なん》の 絵《え》に なりますか。

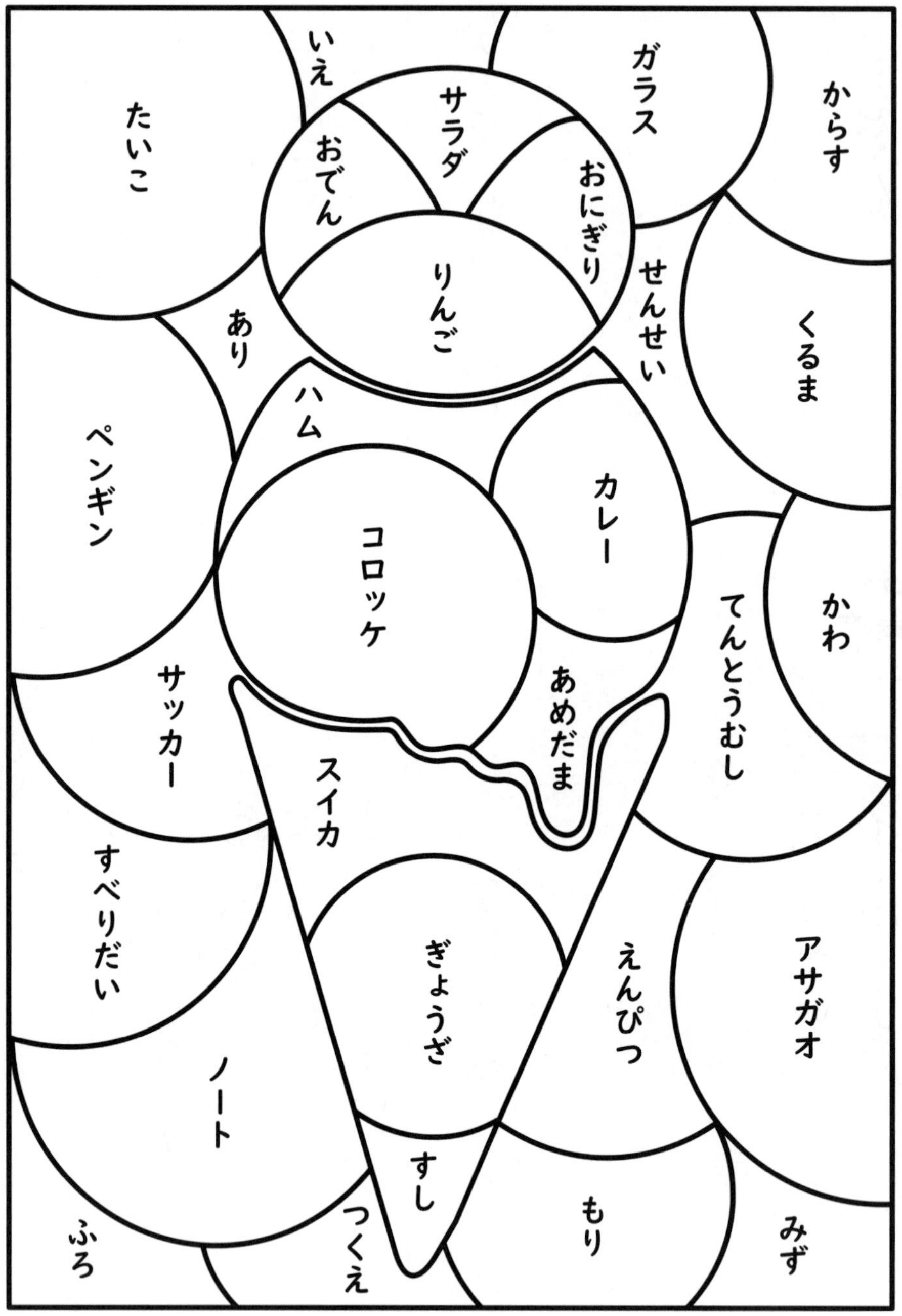
たいこ
いえ
ガラス
からす
サラダ
おでん
おにぎり
りんご
あり
せんせい
くるま
ハム
ペンギン
カレー
コロッケ
かわ
てんとうむし
あめだま
サッカー
スイカ
すべりだい
ぎょうざ
えんぴつ
アサガオ
ノート
すし
もり
みず
ふろ
つくえ

（　　　　）

2 やさいの 名前に 色を ぬりましょう。何の 絵に なりますか。

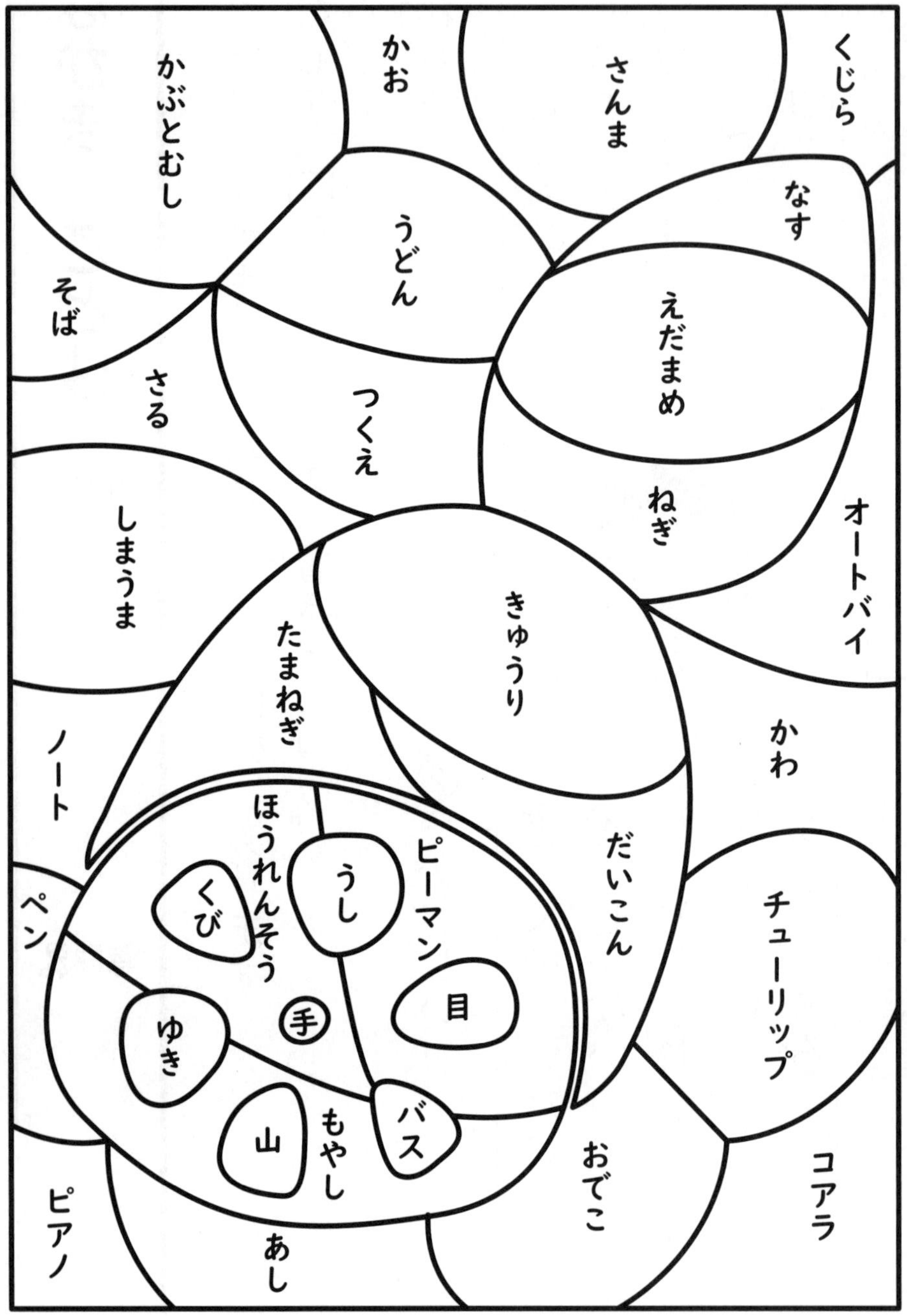
くじら
かお
さんま
かぶとむし
なす
うどん
そば
えだまめ
さる
つくえ
しまうま
ねぎ
オートバイ
きゅうり
たまねぎ
ノート
かわ
だいこん
ほうれんそう
ピーマン
うし
くび
チューリップ
ペン
ゆき
手
目
山
もやし
バス
おでこ
コアラ
ピアノ
あし

（　　　　）

つなぎ　ことばの　めいろ

なまえ

がつ　にち

（　）に 入る 正《ただ》しい ことばを えらんで ゴールを めざしましょう。

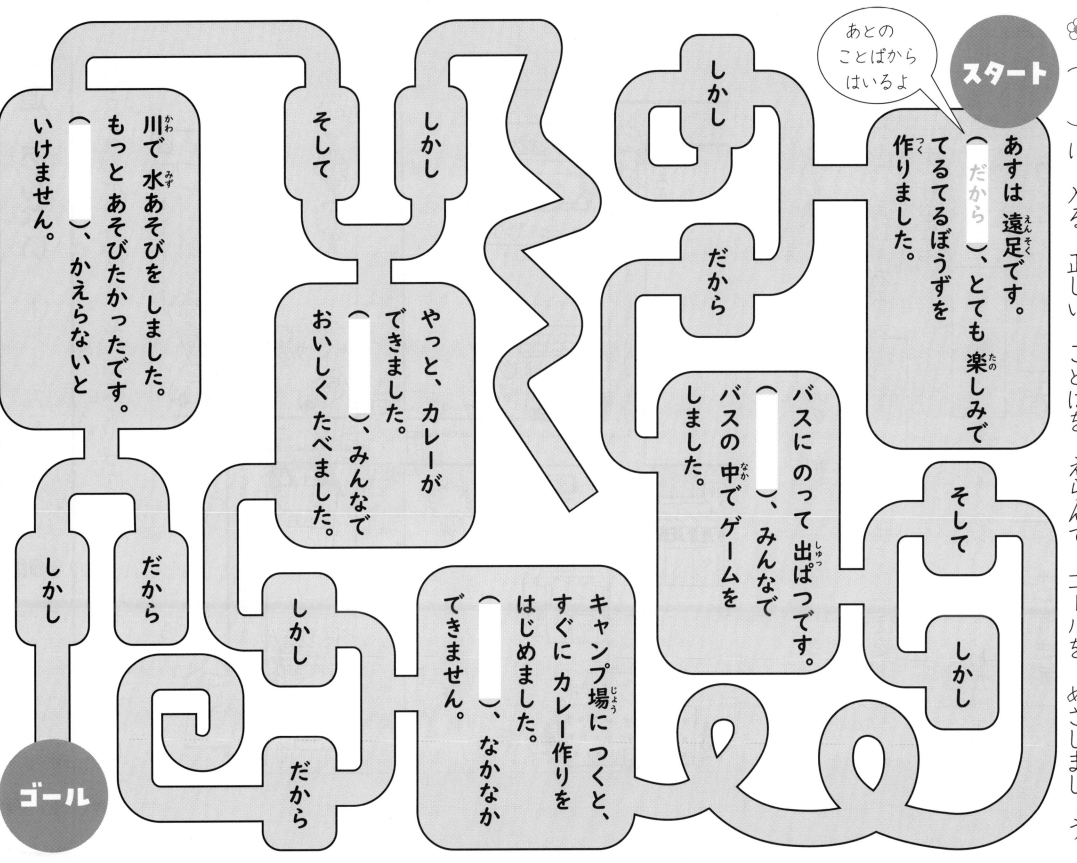

スタート

あとの
ことばから
はいるよ

あすは 遠足《えんそく》です。（だから）、とても 楽《たの》しみで てるてるぼうずを 作《つく》りました。

しかし

だから

バスに のって 出《しゅっ》ぱつです。（　）、みんなで バスの 中《なか》で ゲームを しました。

そして

しかし

キャンプ場《じょう》に つくと、すぐに カレー作りを はじめました。（　）、なかなか できません。

しかし

だから

やっと、カレーが できました。（　）、みんなで おいしく たべました。

そして

しかし

川《かわ》で 水《みず》あそびを しました。もっと あそびたかったです。（　）、かえらないと いけません。

だから

しかし

ゴール

道 あんない ①

なまえ

がつ　にち

ひろしさんが おばあさんの 家《いえ》に つけるよう 道《みち》あんないを しましょう。

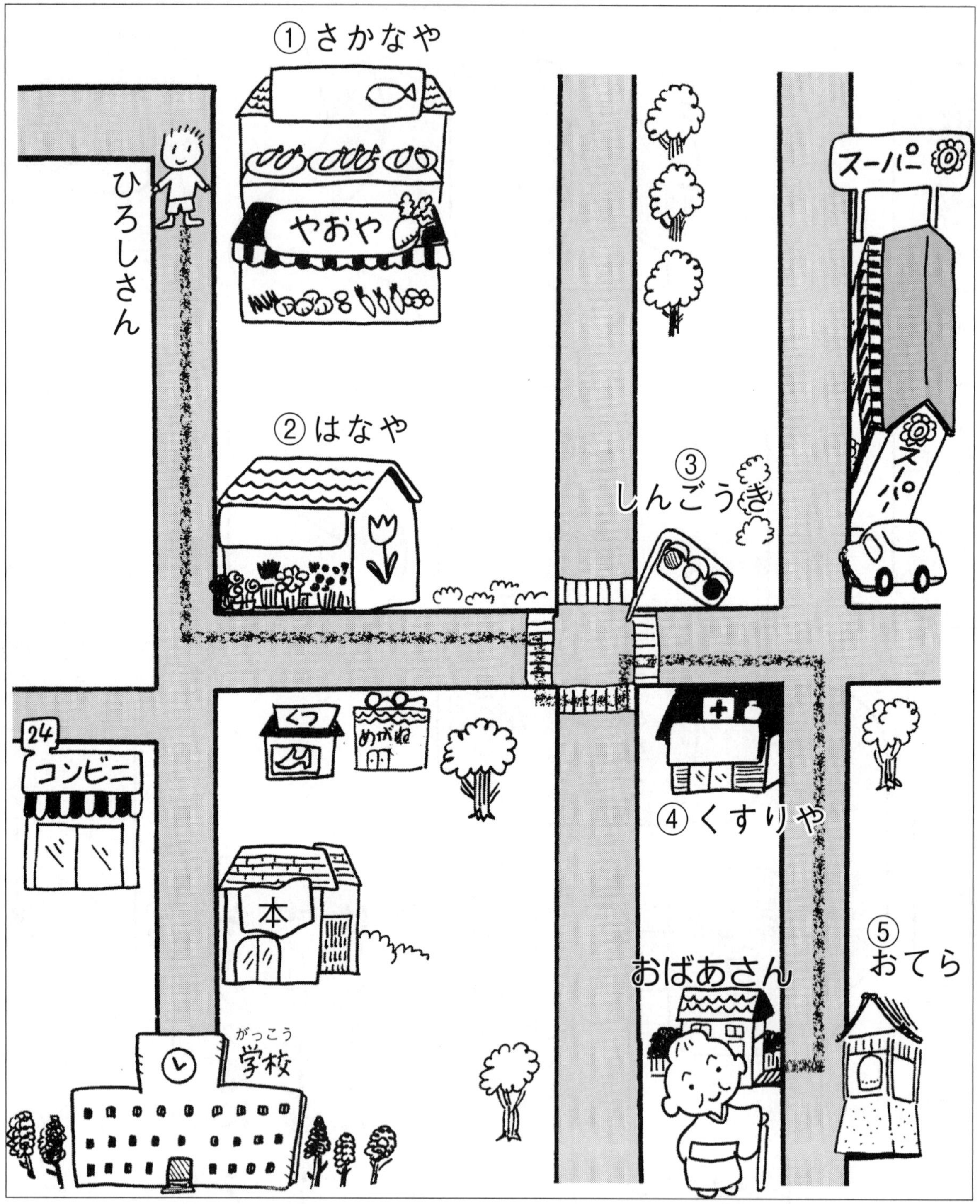

①さかなや
やおや
スーパー
ひろしさん
②はなや
③しんごうき
くつ
めがね
④くすりや
24
コンビニ
本
⑤おてら
おばあさん
学校《がっこう》

(1) ひろしさんは、[　　] さんの 前《まえ》に います。

(2) そこから、角《かど》に ある [　　] まで 歩《ある》き、そこを 左《ひだり》に まがります。

(3) 交《こう》さ点《てん》に ある [　　] を よく見《み》て、道を わたります。

(4) 角に ある [　　] さんを [　] に まがります。

(5) 左の 方《ほう》に [　　] が 見えます。その前が、おばあさんの 家です。

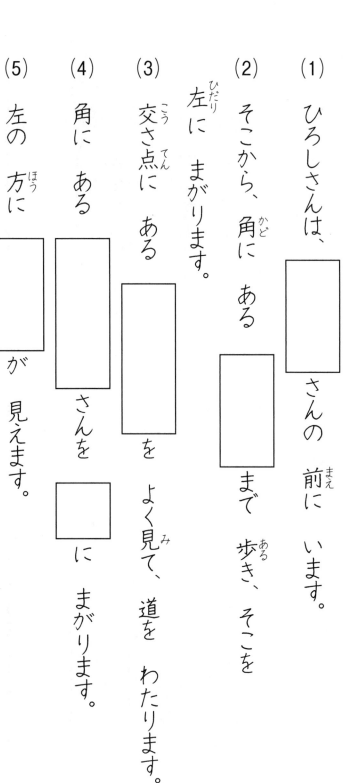

道 あんない ②

なまえ

がつ　にち

かえでさんが　あいさんに　会《あ》えるよう　道《みち》あんないを　しましょう。

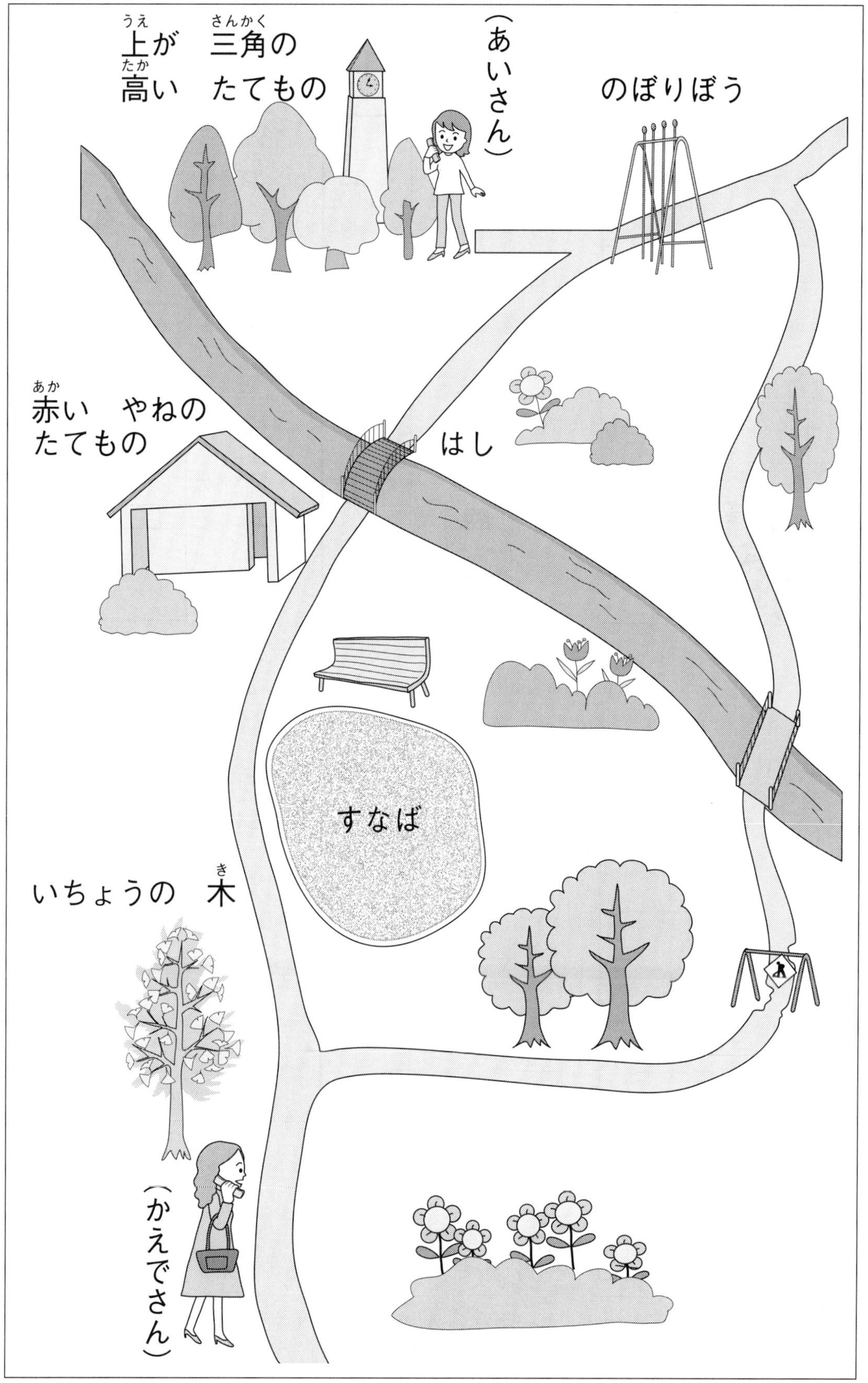

上《うえ》が 高《たか》い 三角《さんかく》の たてもの
(あいさん)
のぼりぼう
赤《あか》い やねの たてもの
はし
すなば
いちょうの 木《き》
(かえでさん)

(1)　［　　］の　木を　めざして　歩《ある》いて　ください。

(2)　二《ふた》つに　分《わ》かれる　ところを　［　］に　行《い》って　ください。

(3)　［　　］を　右手《みぎて》に　見《み》ながら、［　　］の　たてものを　めざして　歩いて　ください。

(4)　川《かわ》に、出《で》るので　［　　］を　わたって　ください。

(5)　［　　］の　ある　ところを　［　］に　まがって　ください。

(6)　わたしは　［　　］の　高い　たてものの　ところに　います。

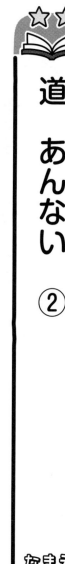

上から 読んでも 下から 読んでも ①

なまえ

がつ にち

1 上《うえ》から 読《よ》んでも、下《した》から 読んでも 同《おな》じ ことばに なります。
□に 字《じ》を 書《か》きましょう。

〈れい〉 とま・と ↔ しんぶ・んし

① やお・□

② みな・□

③ □ず・な

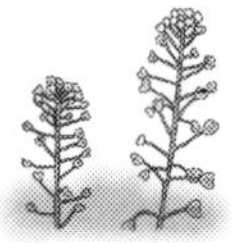

④ □ね・こ

⑤ きつ□き

⑥ □うえ・□た

⑦ くる□とみ□□

2 上から 読んでも、下から 読んでも 同じ 文《ぶん》を 作《つく》りましょう。

① たぶん・□□

② にわに・□□

③ □□う・たう

④ □□で・けが

⑤ う□が・ま□（※まう……おどる）

⑥ □いや・□た

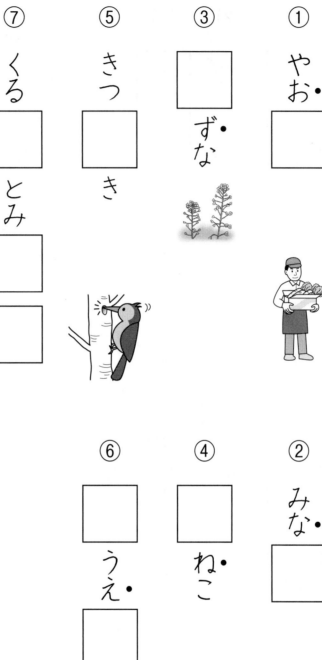

上から 読んでも 下から 読んでも ②

なまえ

がつ　にち

❀ 上《うえ》から 読《よ》んでも、 下《した》から 読んでも 同《おな》じ 文《ぶん》を 作《つく》りましょう。

① たけやぶ□□□

② イカたべ□□□

③ □□□のぐんて

④ □□□でまつな

⑤ ダン□がす□□

⑥ □□クと□るみ

⑦ □□ニンジ□□るよ

※「にる」とは、たくこと

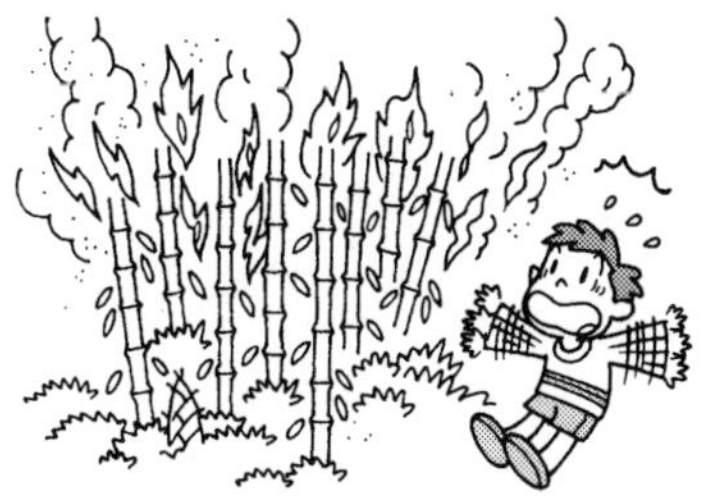

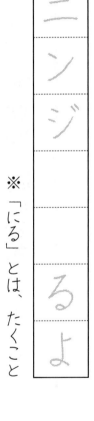

上から 読んでも 下から 読んでも ③

なまえ

がつ　にち

上《うえ》から 読《よ》んでも、下《した》から 読《よ》んでも 同《おな》じ 文《ぶん》を 作《つく》りましょう。

① □□かに□した

② カメだけだ□□

③ □□□はかるい

④ □□□がのむ□□水《みず》ね

⑤ 夜《よる》が雨《あめ》、あす□□□□□□

⑥ よき秋《あき》よああ、□□□□□

⑦ □□の名《な》は□□□、めずらし□□のさく

上から 読んでも 下から 読んでも ④

なまえ

がつ にち

上《うえ》から 読《よ》んでも、下《した》から 読んでも 同《おな》じ 文《ぶん》を 作《つく》りましょう。

① るすにな・

② け・ましたわ

③ セミを・るよ

④ かんけいな・

⑤ なかざの・やき

⑥ なここよ・ねこくな

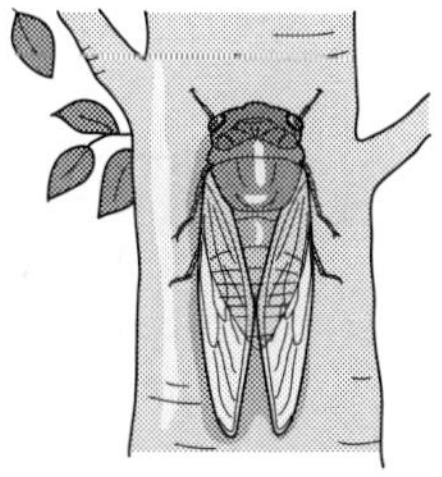

※できたら、自分《じぶん》で考《かんが》えて作《つく》ってみよう！

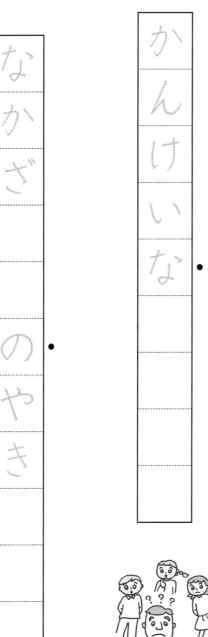

かん字の なりたち ①

なまえ

がつ　にち

1 つぎの 絵《え》から できた かん字《じ》を 線《せん》で むすびましょう。

(1)

ア 

イ 

ウ 

エ 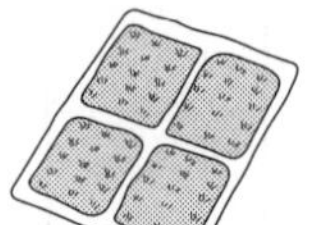

オ 

あ 山

い 月

う 雨

え 火

お 田

(2)

ア 

イ 

ウ 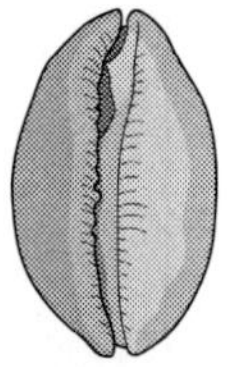

エ 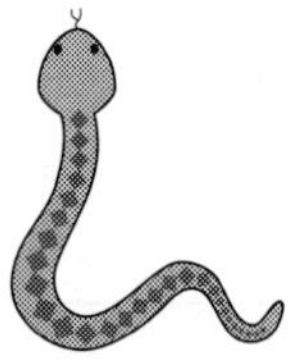

オ 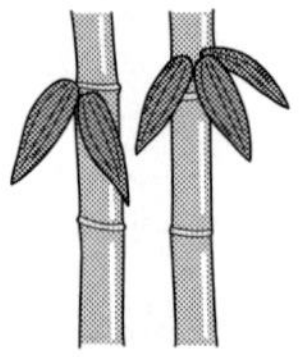

あ 車

い 子

う 竹

え 貝

お 虫

2 かん字の もとになった 絵が 入《はい》った 文《ぶん》が あります。
□に かん字を 書《か》いて 文を かんせい させましょう。

①  の 上《うえ》に  が 出《で》る。

□ の 上に □ が 出る。

② 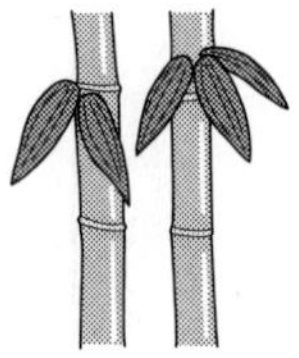 やぶに 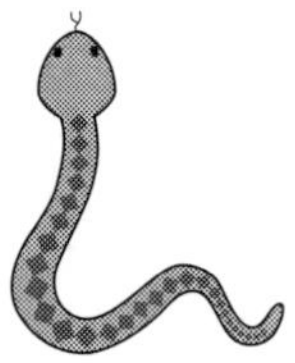 が いる。

□ やぶに □ が いる。

③  を  に のせる。

□ を □ に のせる。

④ 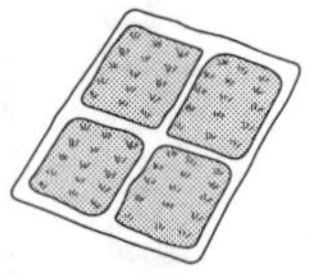 んぼに  が ふる。

□ んぼに □ が ふる。

かん字の なりたち ②

なまえ

がつ　にち

1 つぎの 絵《え》から できた かん字《じ》を 線《せん》で むすびましょう。

(1)

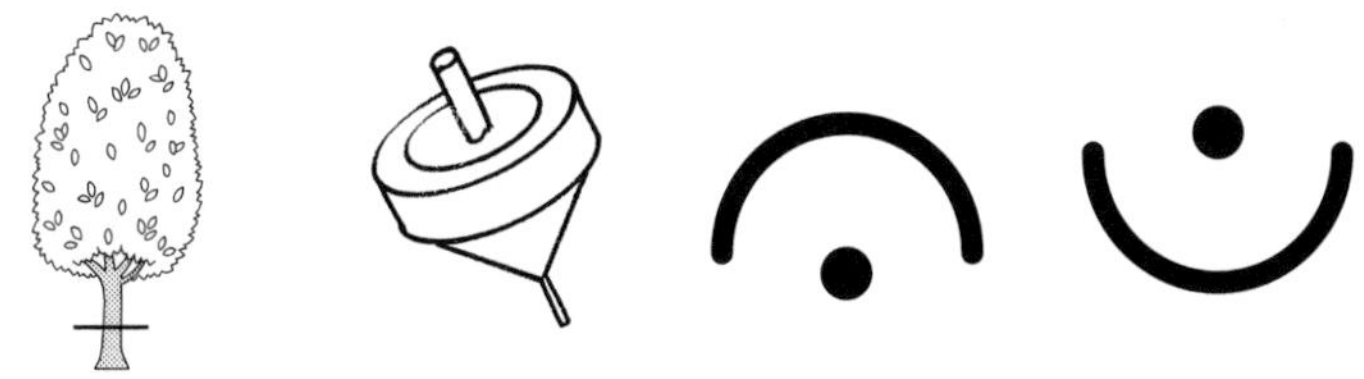

ア　イ　ウ　エ

あ 下　い 中　う 上　え 本

(2)

ア　イ　ウ

あ 立　い 天　う 大

2 つぎの 絵から できた かん字を □ から えらんで 書《か》きましょう。

①  ⇩ □

② 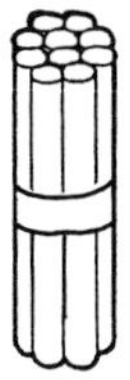 ⇩ □

③ 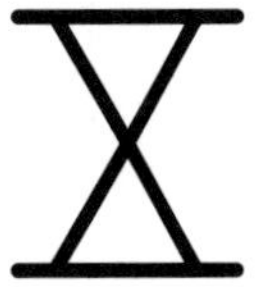 ⇩ □

④  ⇩ □

五　十　百　千

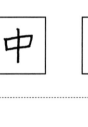

3 つぎの 絵から できた かん字を □ から えらんで 書きましょう。

①  ⇩ □

②  ⇩ □

③  （人） ⇩ □

④  ⇩ □

糸　森　男　見

かん字の なりたち ③

なまえ

がつ　にち

1 あみだくじで もとになった かん字《じ》が わかります。
□に かん字を 書《か》きましょう。

(1)

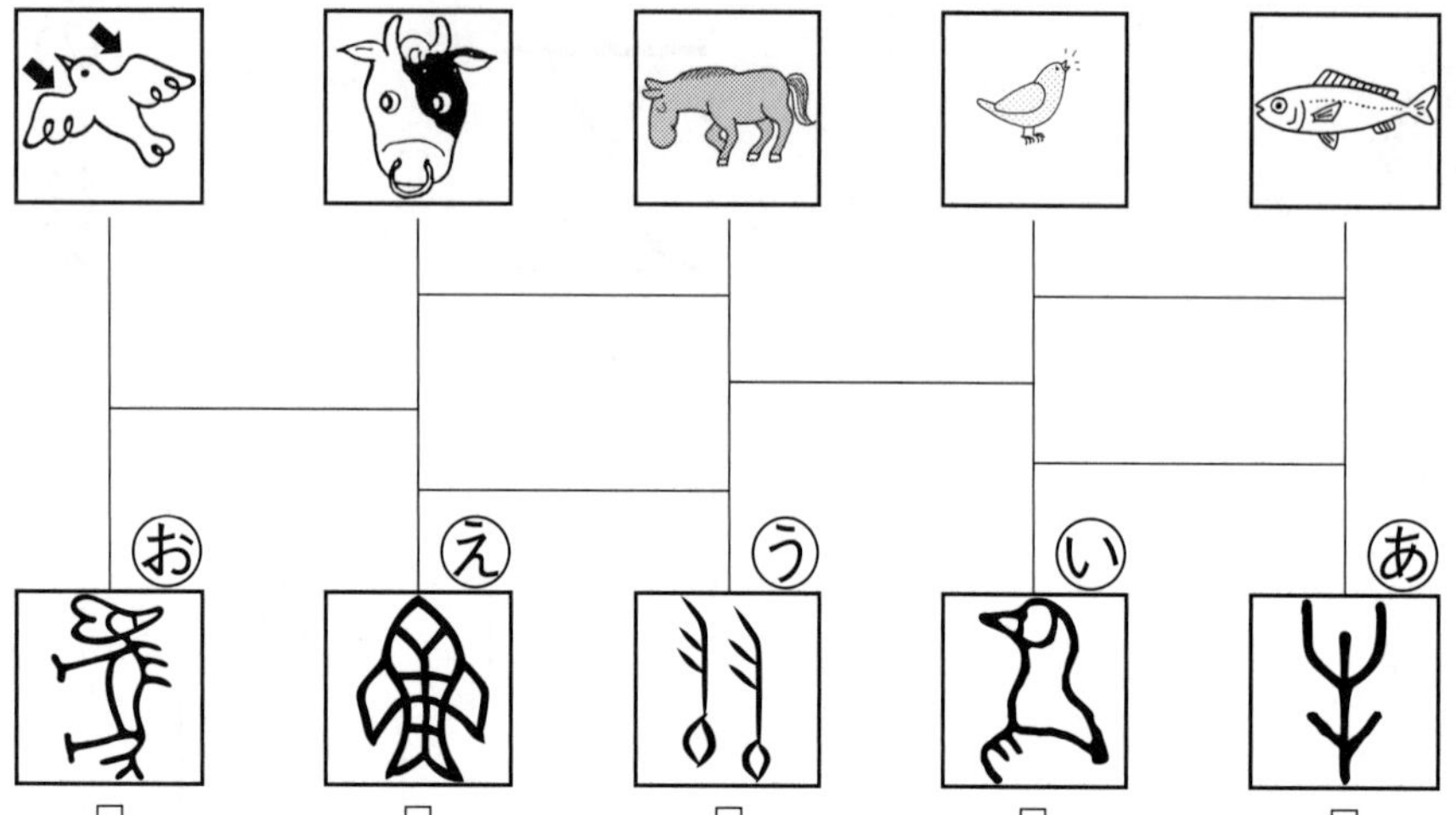

あ 牛　え 魚

(2)

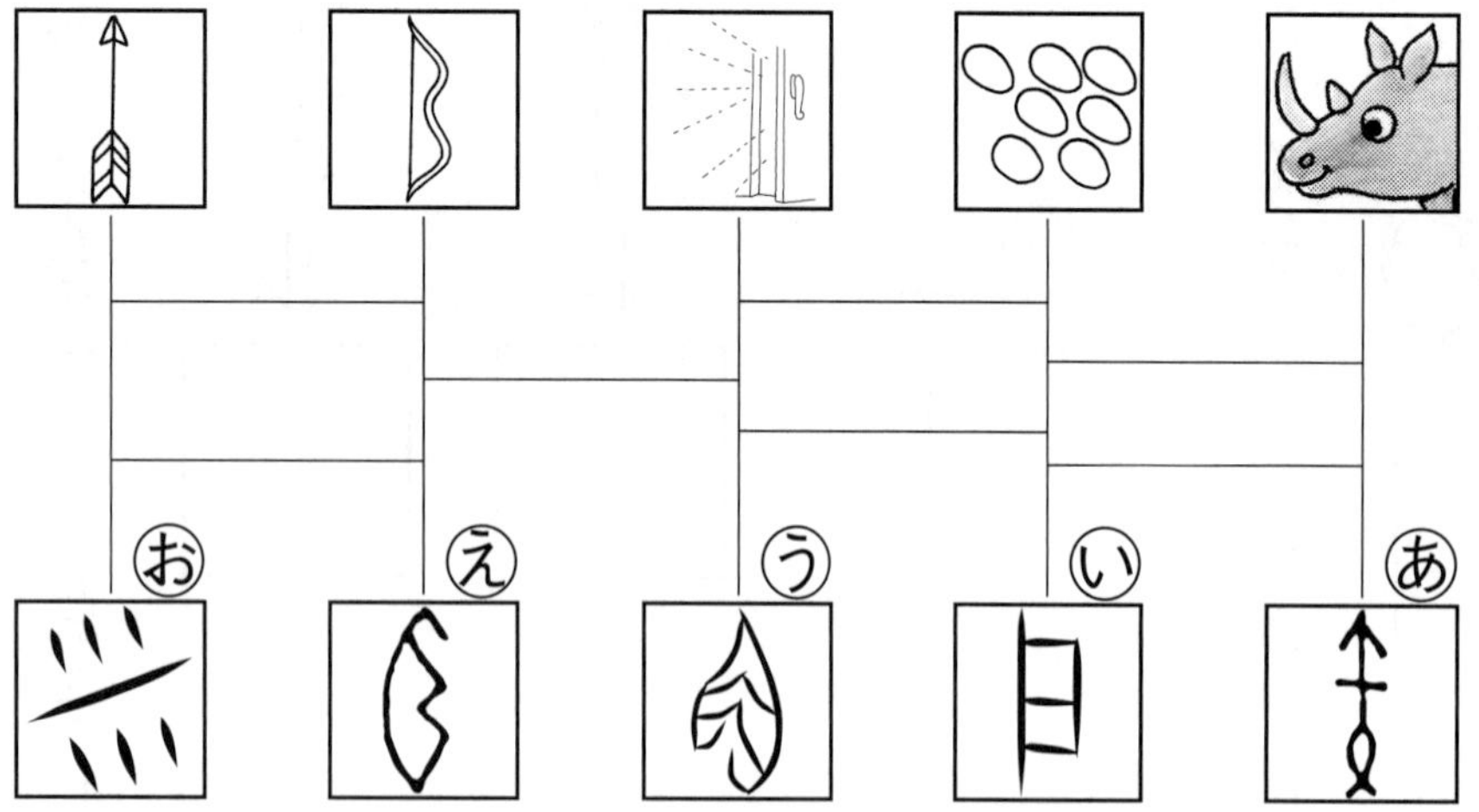

う 角　お 米

2 つぎの 絵《え》を 組《く》み合《あ》わせると かん字が できます。
できる かん字を □ から えらんで 書きましょう。

① 八 ＋  ＝ 分

② 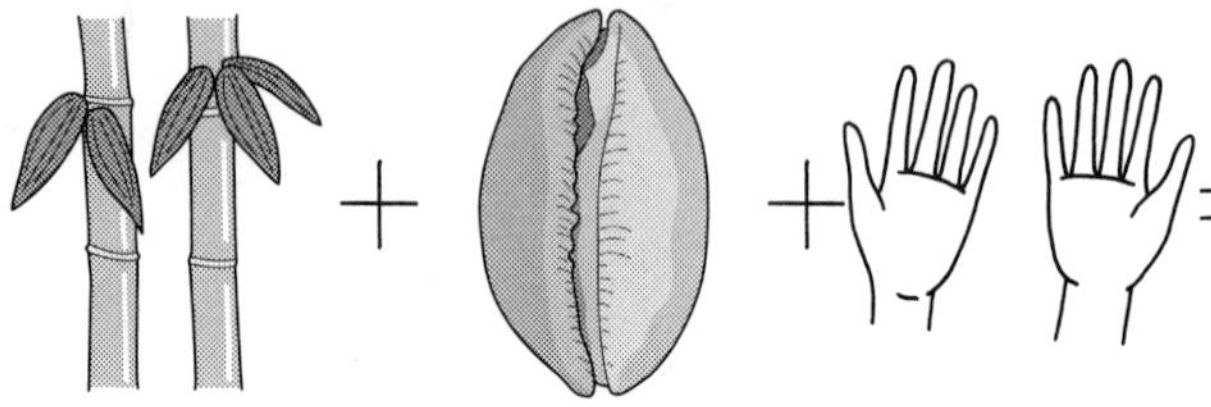 ＝ □

③ 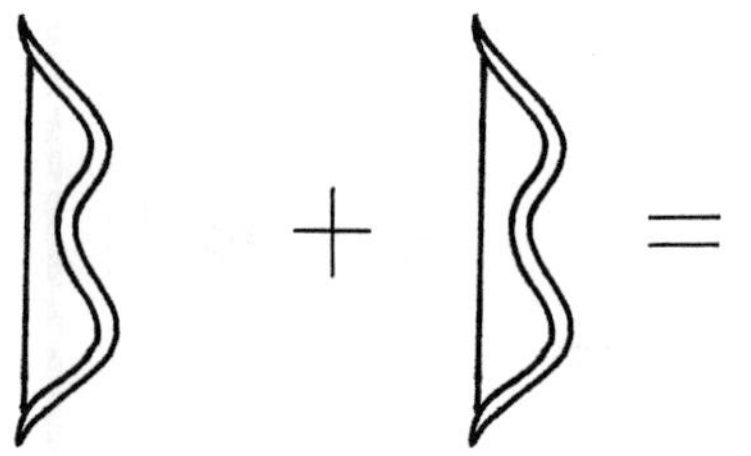 ＝ □

④ 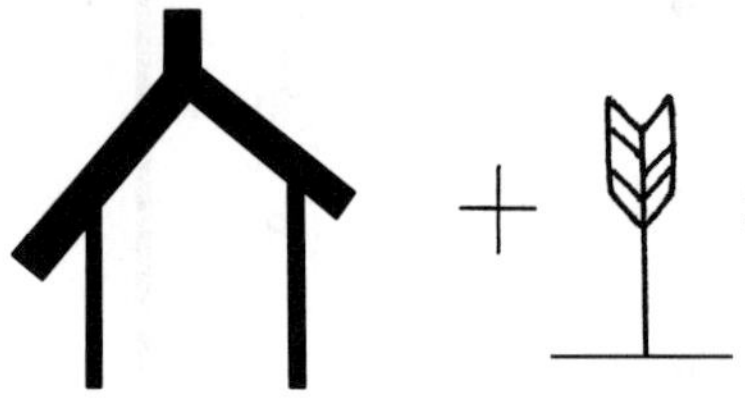 ＝ □

（やね）

分　室　弱　算

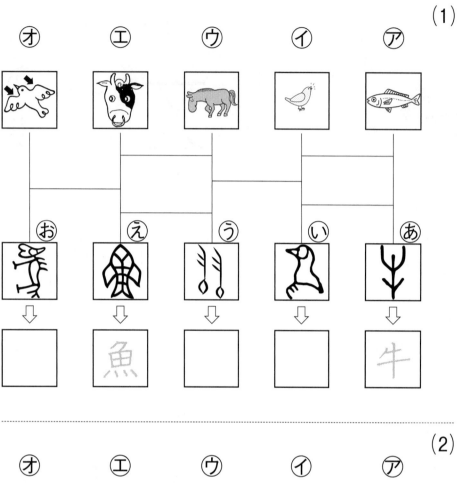

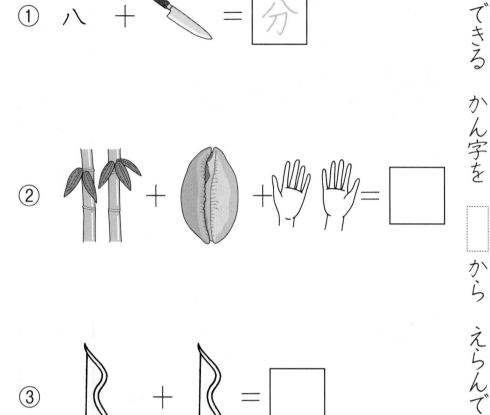

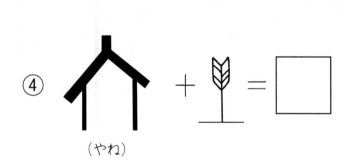

かん字のなりたち ④

なまえ

がつ　にち

1 つぎの 絵《え》と もとに なった かん字《じ》を 線《せん》で むすび、□から えらんで □に 書《か》きましょう。

(1)

㋐ 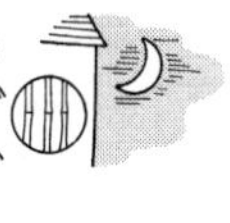
（まどから月のあかりが入る形）・　　・㋒  □

㋑ 
（手をとり合ってたすけ合う）・　　・㋓  □

㋒ 
（水がぐるぐるまわっている形）・　　・㋔  □

明　回　友

(2)

㋐ 
（ゆきのかけら）・　　・㋒  □

㋑ 
（いなびかりの形）・　　・㋓ （ゆきのかけらが羽の形） □

㋒ 
りゅうのしっぽ
（くもの中にりゅうがいる形）・　　・㋔  □ 電

雪　電　雲

2 絵を 見《み》て かん字を 書きましょう。

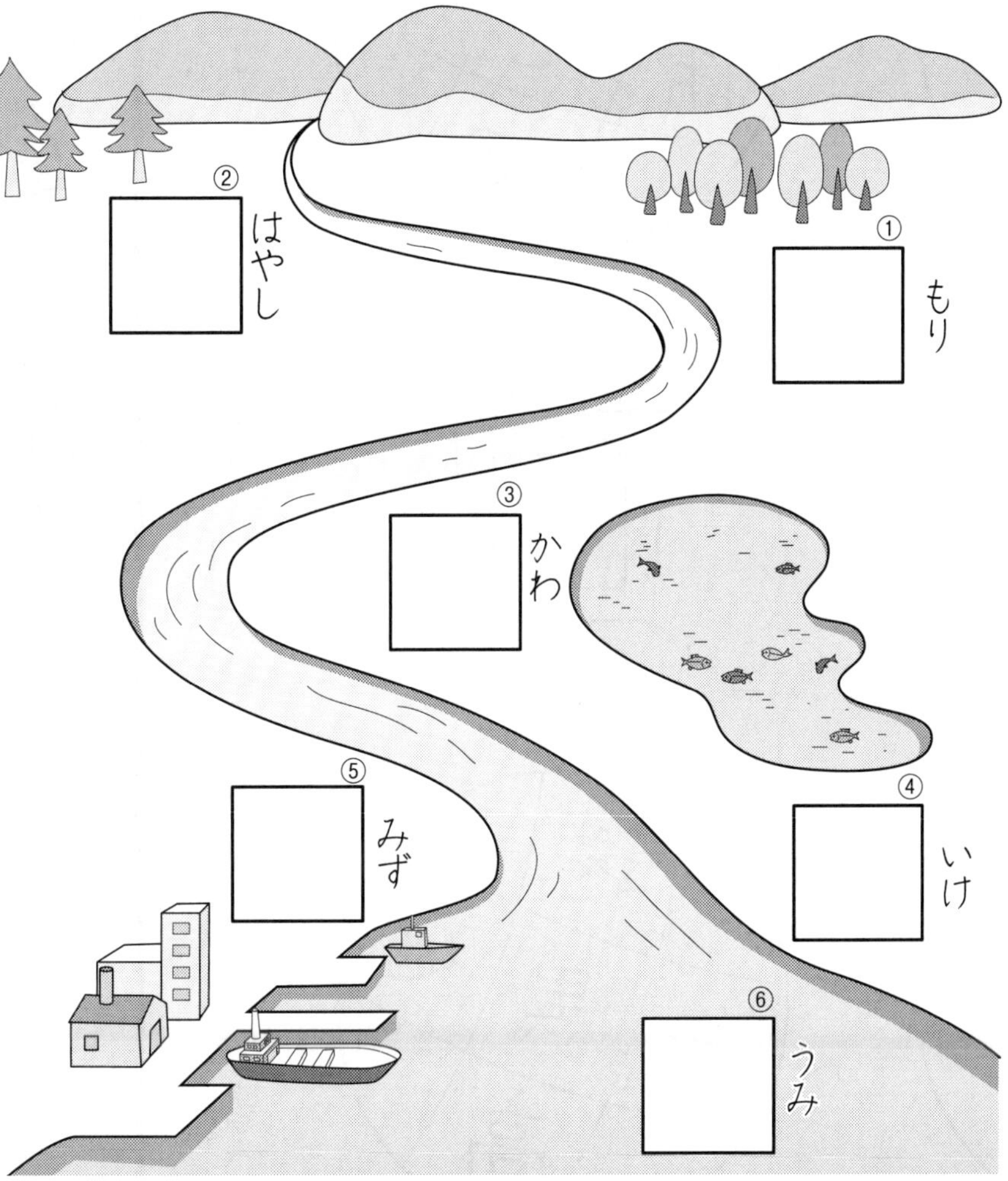
① □ もり
② □ はやし
③ □ かわ
④ □ いけ
⑤ □ みず
⑥ □ うみ

おくりがなを 見つけよう ①

なまえ

がつ　にち

1　同《おな》じ おくりがなが 入《はい》ります。□に おくりがなを 書《か》きましょう。

①

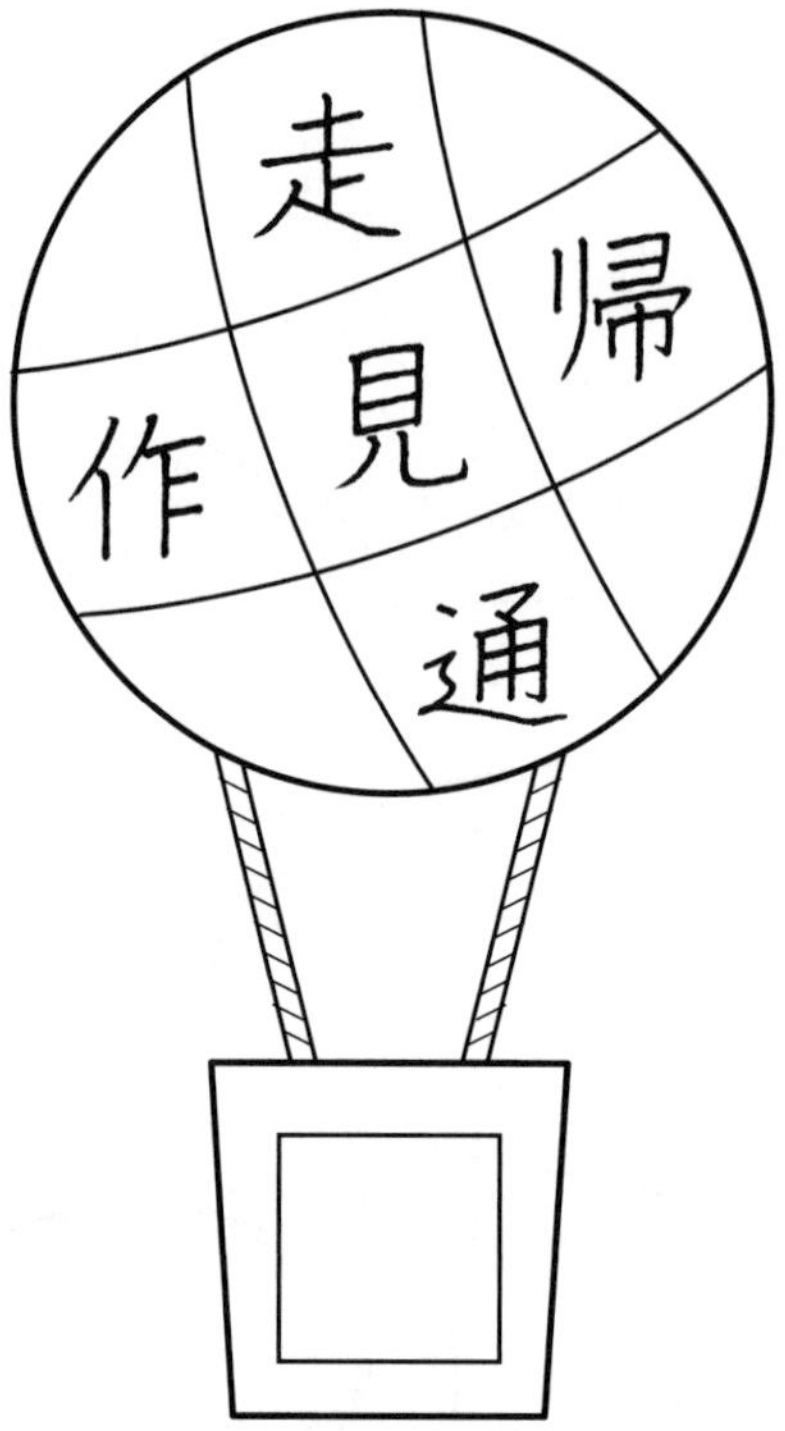
走
帰
作
見
通

②

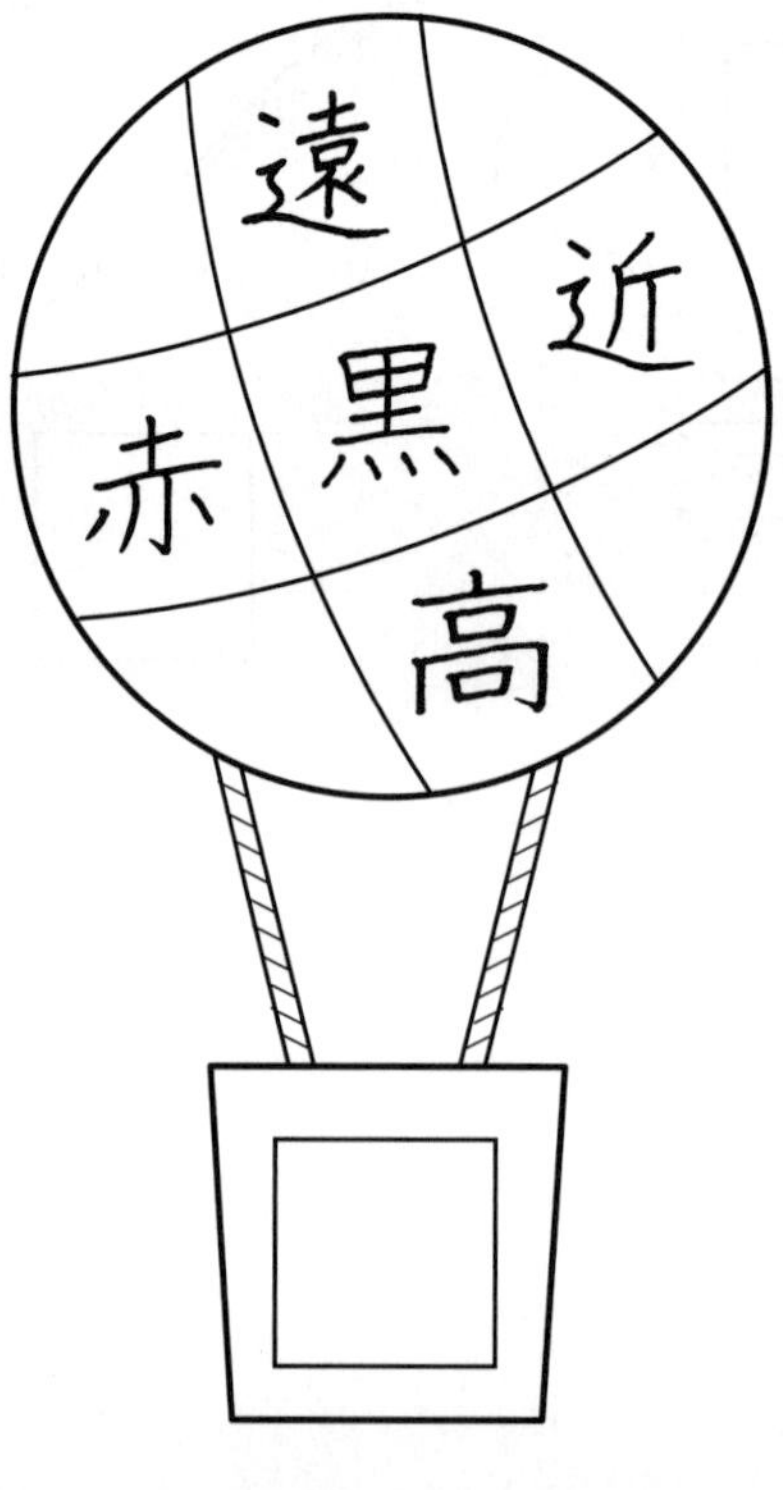
遠
近
赤
黒
高

③

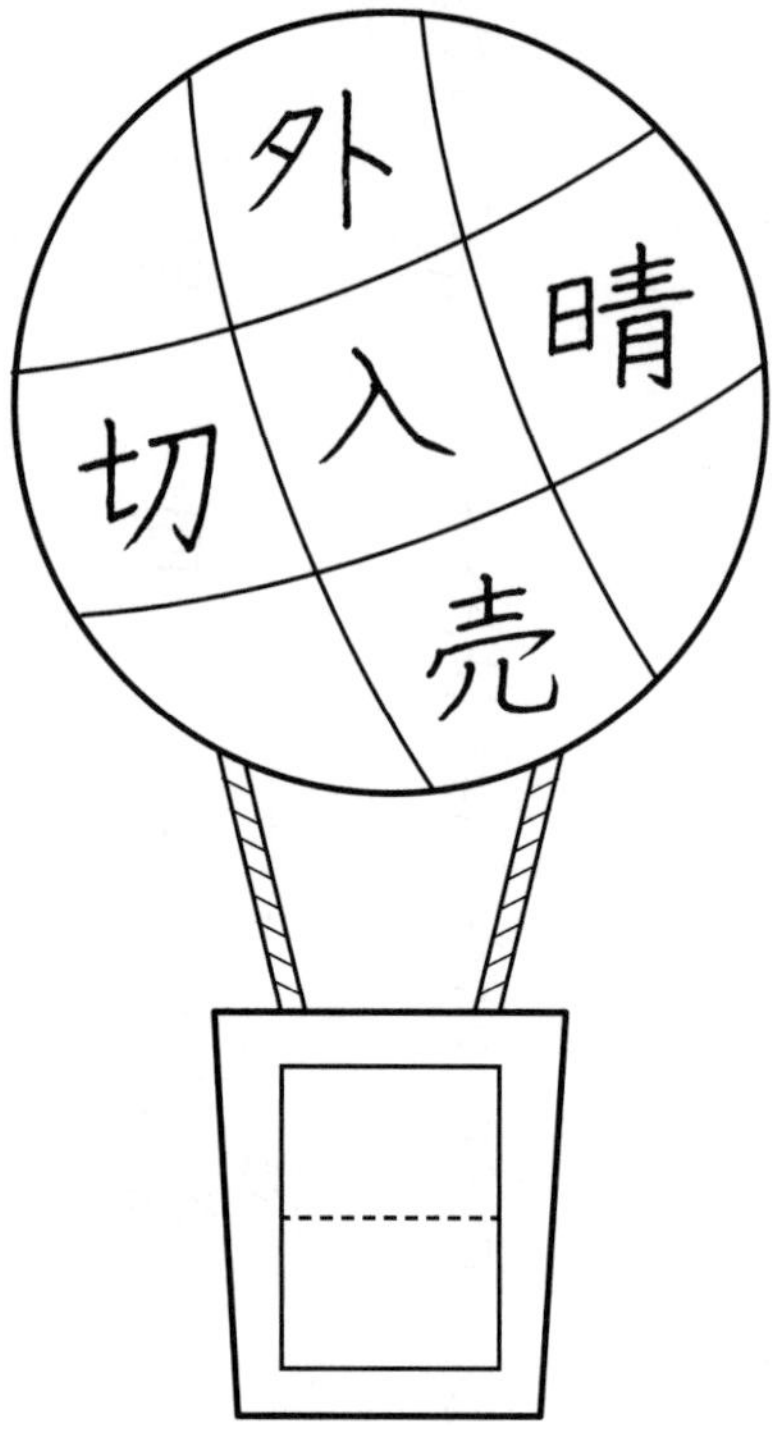
外
晴
切
入
売

④

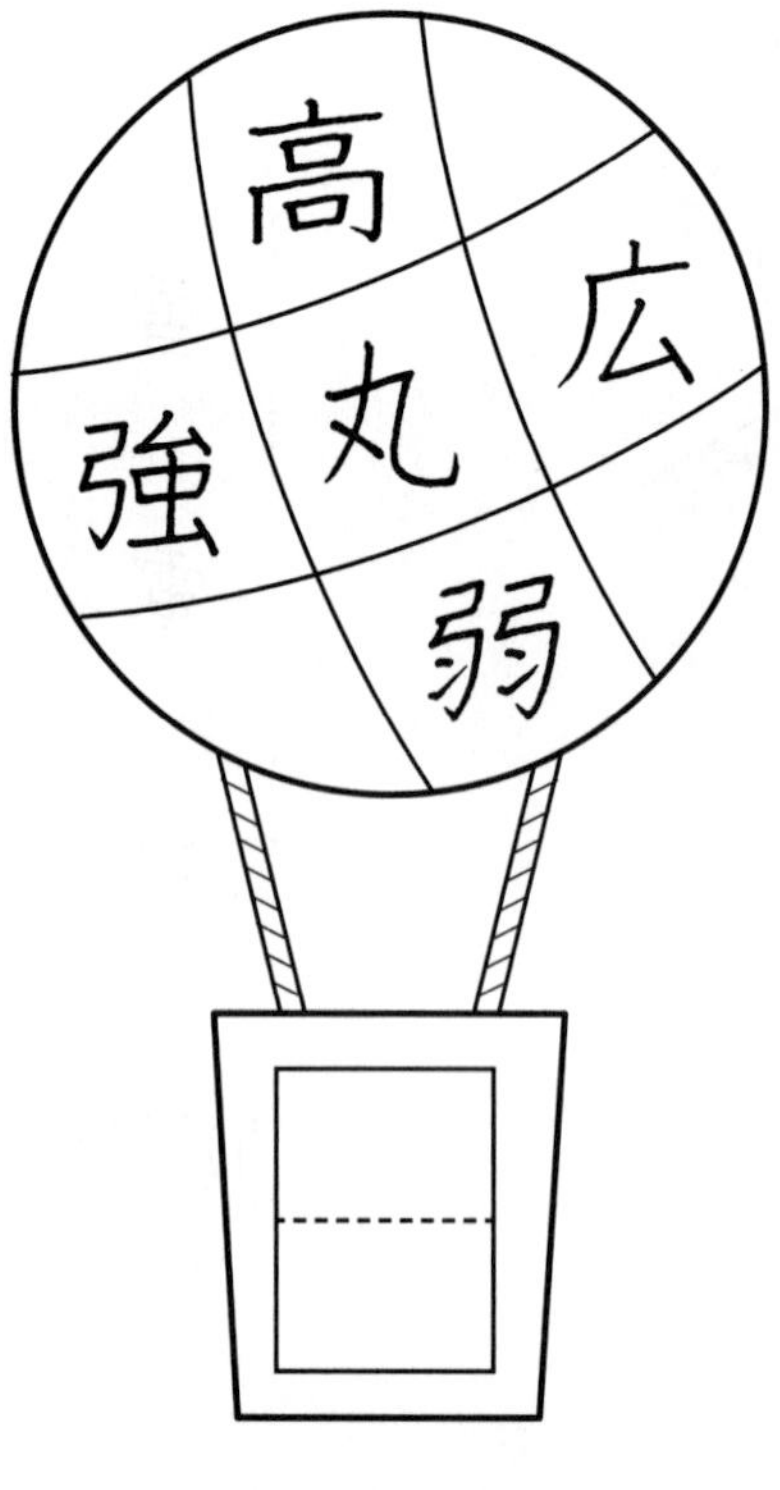
高
広
強
丸
弱

2　正《ただ》しい おくりがなを えらんで ゴールを めざしましょう。

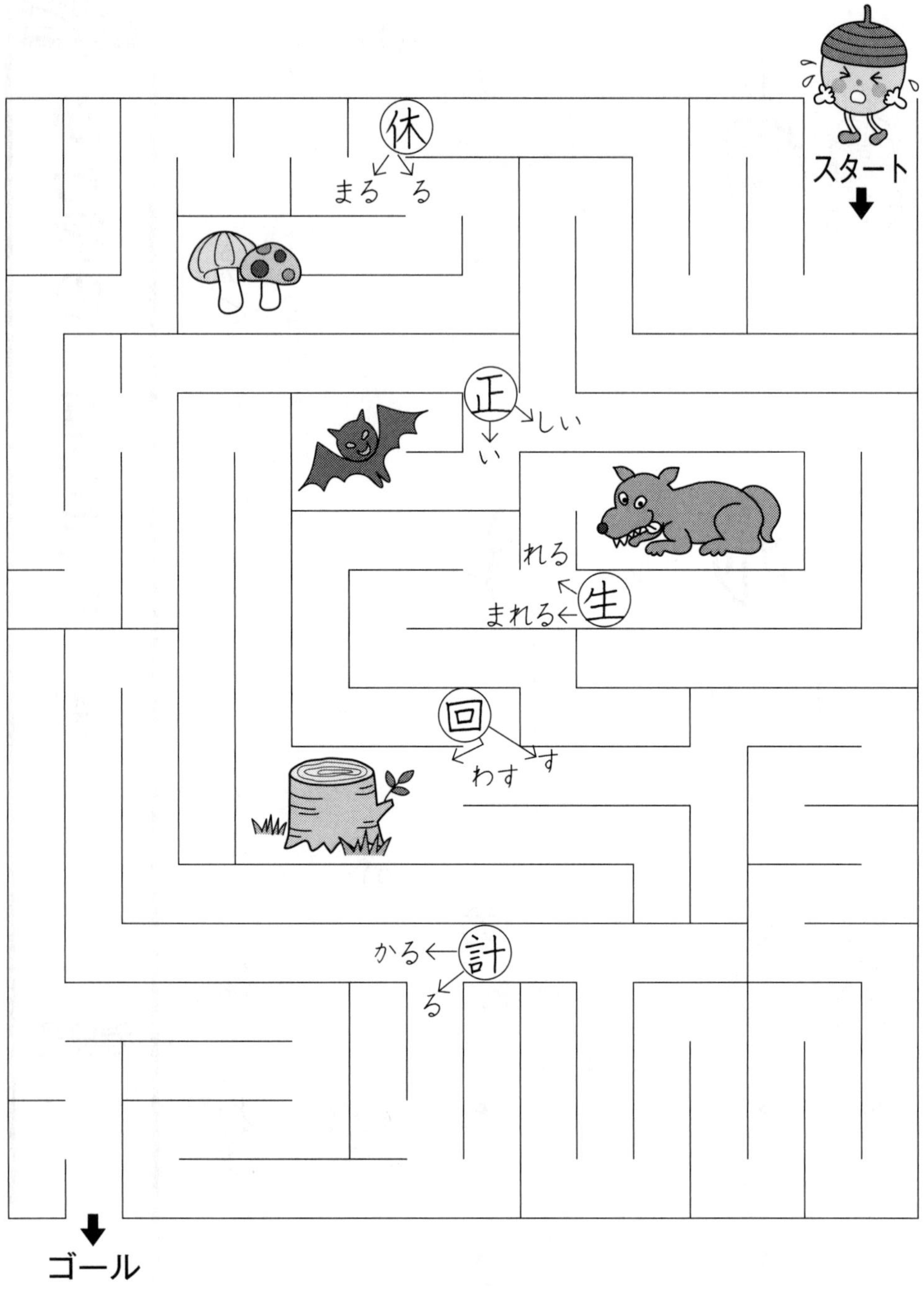
スタート
休
まる
る
正
しい
い
れる
生
まれる
回
わす
す
かる
計
る
ゴール

おくりがなを 見つけよう ②

なまえ

がつ　にち

1 同《おな》じ おくりがなが 入《はい》ります。□に おくりがなを 書《か》きましょう。

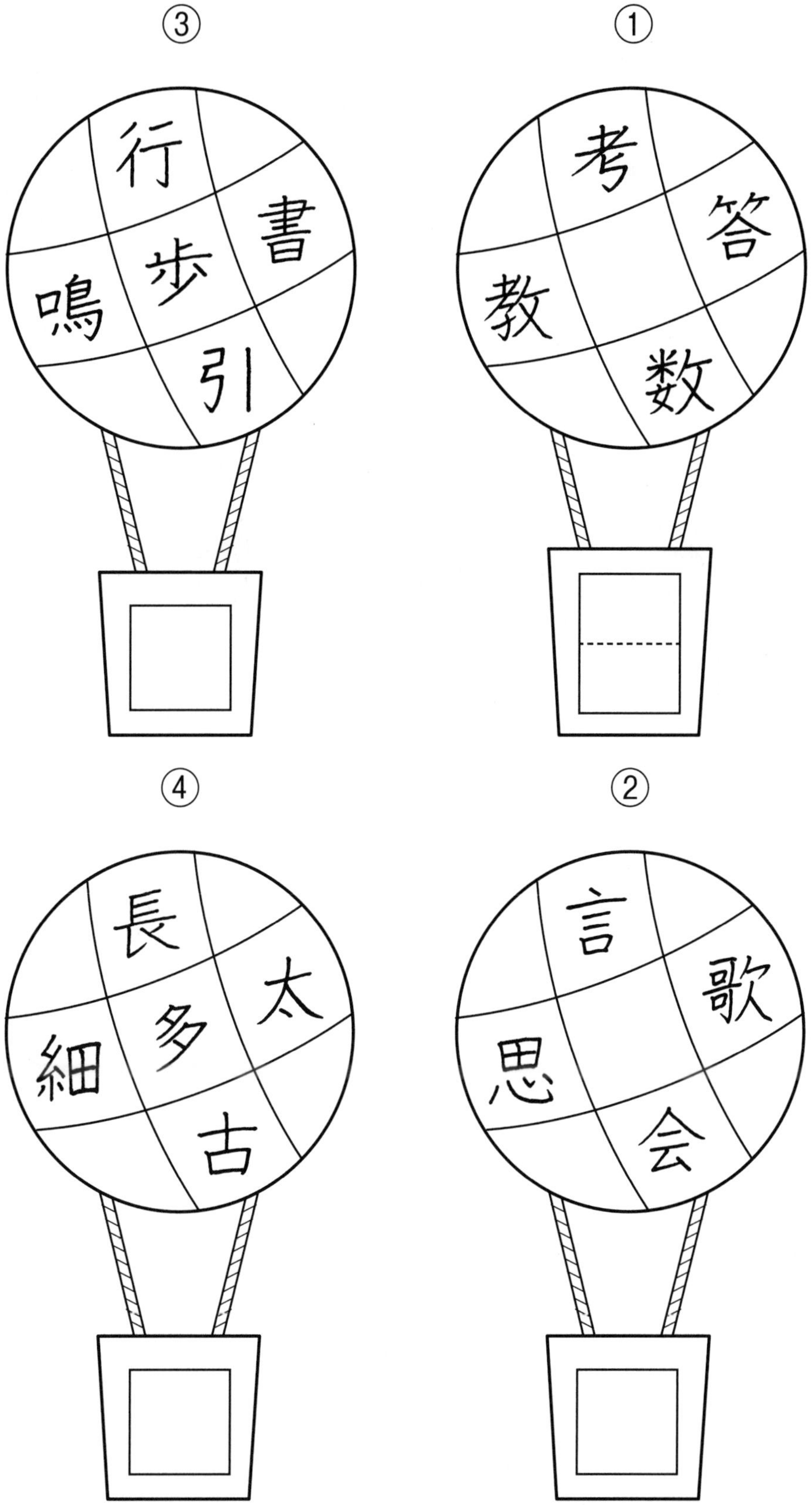

①
考
答
教
数
②
言
歌
思
会
③
行
書
鳴
歩
引
④
長
太
細
多
古

2 正《ただ》しい おくりがなを えらんで ゴールを めざしましょう。

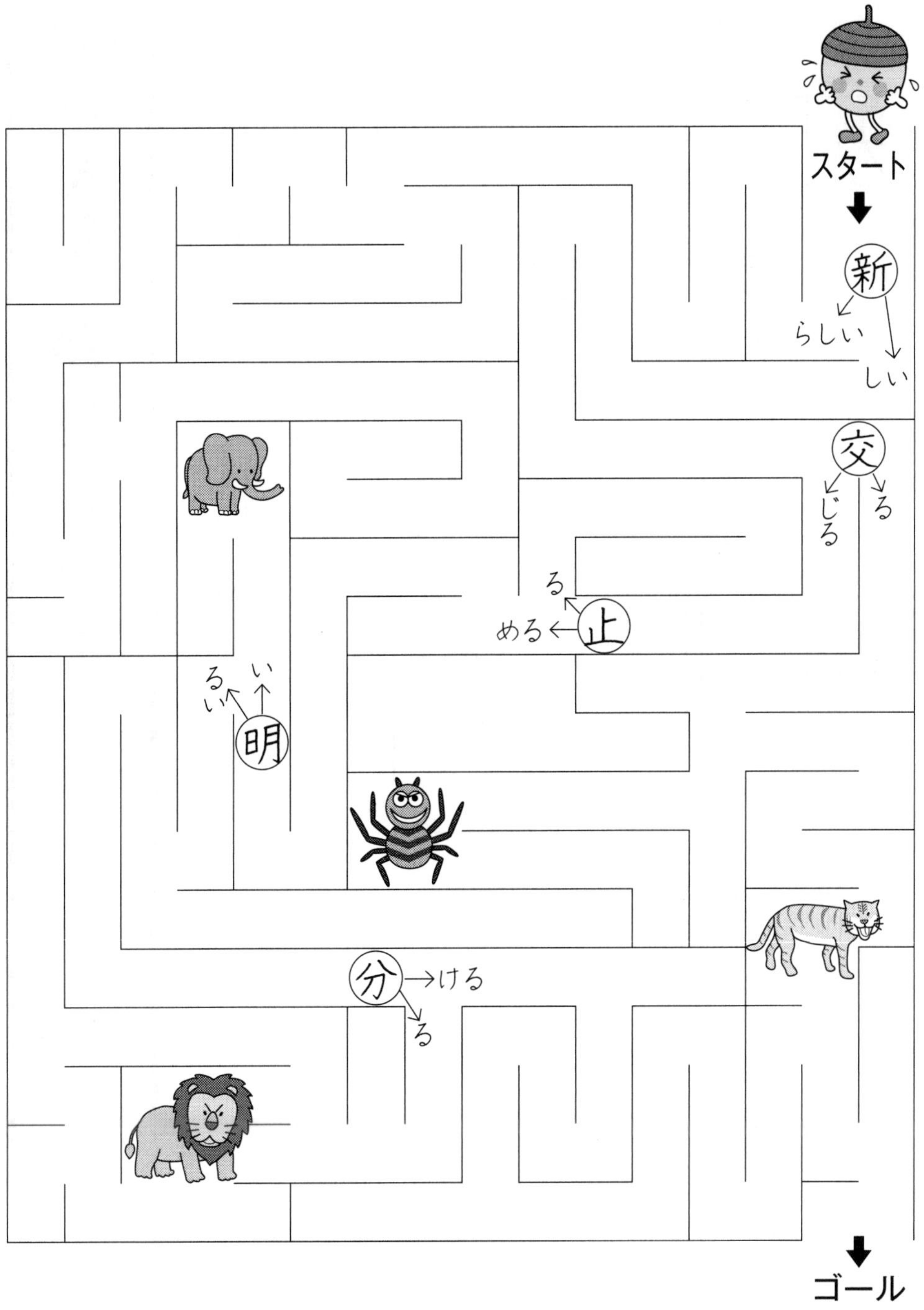

スタート
新
らしい
しい
交
じる
る
止
る
める
明
い
るい
分
ける
る
ゴール

どんな かん字？ ①

なまえ

がつ にち

1 →に 読《よ》むと ことばに なります。 かくれている かん字《じ》を [ ] から えらんで 書《か》きましょう。

① 千 / 百 □

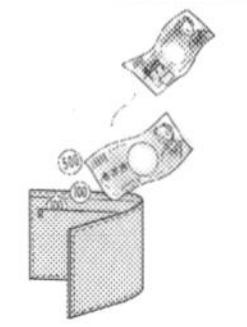

② 学 / 先 □

③ 天 / 空 □

④ 左 □ / 手

⑤ 町 □ / 人

⑥ 草 □ / 火

[花 右 村 生 円 気]

2 絵《え》や 図《ず》を 見《み》て、□に 入《はい》る かん字を 書きましょう。

(1)

(2)

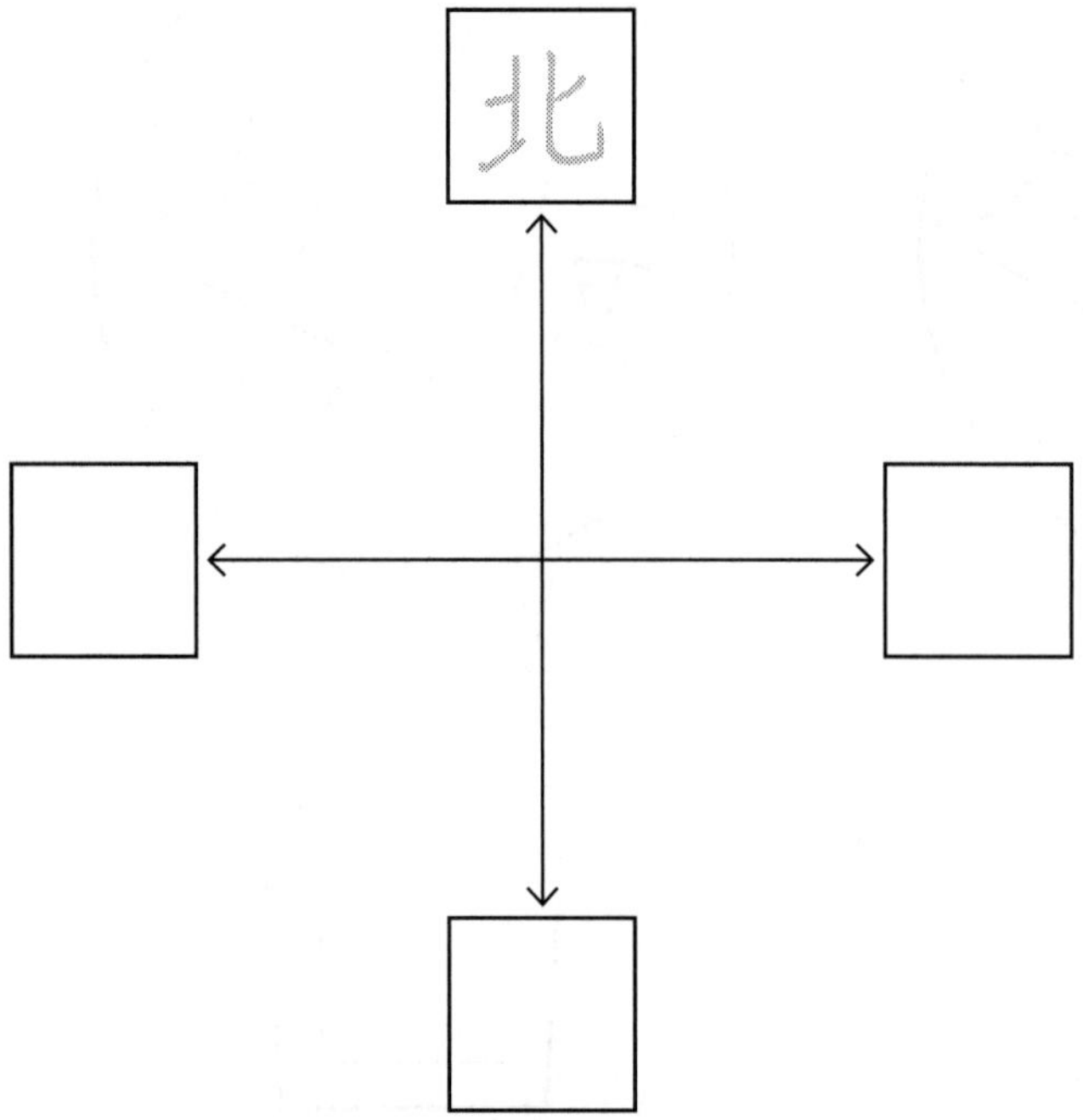

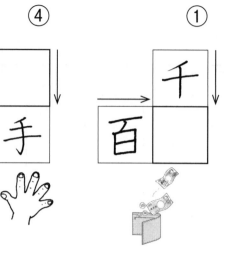

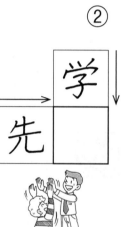

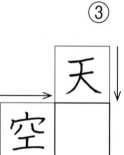

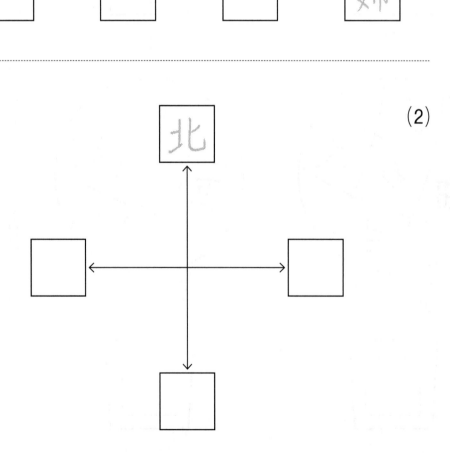

どんな かん字？②

なまえ

がつ にち

1 →に 読《よ》むと ことばに なります。かくれている かん字《じ》を □ から えらんで 書《か》きましょう。

①
花
月 □
学

②
夕
休 □
中

③
竹
森 □
立

④
川
□ 下
空

⑤
国
□ 女
子

⑥
大
□ 足
天

林 日 見 雨 王 上

2 つぎの 文《ぶん》に 合《あ》う かん字に 色《いろ》を ぬりましょう。
どんな 字に なりますか。

① 一週間《いっしゅうかん》の 曜日《ようび》の かん字。

② 体《からだ》の ぶぶんを あらわす かん字。

①、②に 合《あ》う かん字を ぬると、何《なん》と いう 字が できるかな。

□

本	王	耳	田	大
貝	小	水	赤	中
川	日	足	月	玉
年	子	木	白	円
目	火	手	口	土

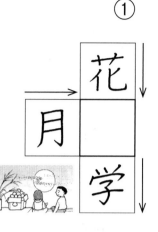

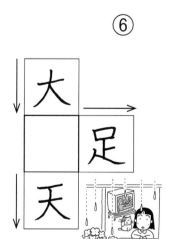

どんな かん字？ ③

なまえ

がつ　にち

1 つぎの 文《ぶん》に 合《あ》う かん字《じ》に 色《いろ》を ぬりましょう。
どんな 字に なりますか。

① 方角《ほうがく》を あらわす かん字

② きせつを あらわす かん字

③ 色《いろ》を あらわす かん字

①～③に 合《あ》う かん字を ぬると、何《なん》と いう 字が できるかな。

□

音	目	東	川	千
王	火	黒	雨	字
冬	花	春	貝	秋
青	気	北	糸	南
夏	白	黄	西	赤

2 絵《え》を 見《み》て □に かん字を 書きましょう。

① みみ
② くび
③ からだ
④ うし ろ あし
（うしろ）
⑤ つの
⑥ あたま
⑦ くち
⑧ まえ あし

どんな かん字？ ④

なまえ

がつ　にち

1 「朝《あさ》」と「夜《よる》」は、はんたい・ついに なる かん字《じ》と いいます。
つぎの はんたい・ついに なる 字を □ から えらんで 書《か》きましょう。

① 遠 ⇔ 近

② □ ⇔ 古

③ 買 ⇔ □

④ □ ⇔ 少

⑤ 強 ⇔ □

⑥ □ ⇔ 雨

⑦ 前 ⇔ □

⑧ □ ⇔ 聞

⑨ 行 ⇔ □

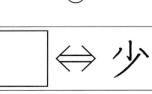

⑩ □ ⇔ 太

話　弱　売　遠　後
細　新　晴　帰　多

2 つぎの 文《ぶん》に 合《あ》う かん字に 色《いろ》を ぬりましょう。
どんな 字に なりますか。

① 体《からだ》に かんけいする かん字
（顔　頭）

② べん強《きょう》に かんけいする かん字
（国語　算数　社会
理科　音楽　図工）

③ 家《か》ぞくに かんけいする かん字
（父　母　兄　弟　姉　妹）

□

米	止	才	秋	馬	遠	引
方	矢	算	元	顔	夏	頭
国	太	兄	光	図	話	会
父	刀	社	合	音	海	母
理	当	妹	谷	冬	岩	雲
風	内	楽	今	牛	弓	語
春	分	数	弟	姉	科	工

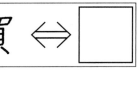

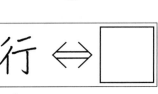

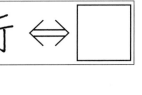

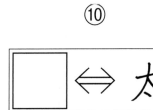

どんな かん字？ ⑤

なまえ

がつ　にち

1 →に 読《よ》むと ことばに なります。かくれている かん字《じ》を □に 書《か》きましょう。

① 男　女□

② 学　休□

③ 文　赤□

④ 出　花□

⑤ 風　口□

⑥ 早　空□

校	車	子
字	火	耳

2 かん字の たし算《ざん》です。たして できる かん字を 書きましょう。

① 休 イ（ひと）＋木＝休

② 木＋交＝□

③ 木＋寸＝□

④ 日＋十＝□

⑤ 立＋日＝□

⑥ ⺍＋子＝□

⑦ 宀＋子＝□

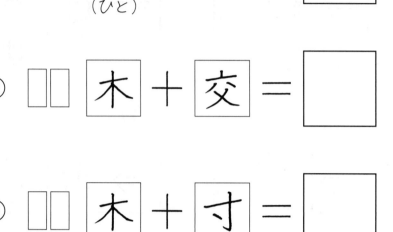

どんな　かん字？　⑥

なまえ

がつ　にち

1 かん字《じ》が　バラバラに　なって　います。どんな　かん字か　考《かんが》えましょう。

① 亠　乂　→ 文

② 月　圭　→ □

③ 八　目　→ □

④ 立　日　→ □

⑤ 工　ナ　→ □

⑥ 子　宀　→ □

2 かん字の　たし算《ざん》です。たして　できる　かん字を　書《か》きましょう。

① 日＋十＝□

② 生＋儿＝□

③ 木＋木＋木＝□

④ 艹＋イ＋ヒ＝□

⑤ 艹＋日＋十＝□

⑥ 木＋亠＋父＝□

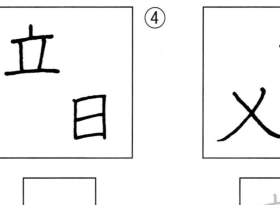

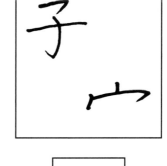

どんな かん字？ ⑦

なまえ

がつ にち

1 かん字《じ》が バラバラに なって います。どんな かん字か 考《かんが》えましょう。

① 士 儿 冖 ＝ 売

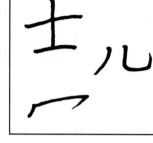

② 人 サ ホ ＝ □

③ 氵 口 千 ＝ □

④ 八 罒 目 ＝ □

⑤ 亠 同 口 ＝ □

⑥ ⺮ 廾 目 ＝ □

2 かん字の たし算《ざん》です。できる かん字を 書《か》きましょう。

① 亠 ＋ 亻 ＋ 夂 ＝ □

② 言 ＋ 五 ＋ 口 ＝ □

③ 日 ＋ 龶 ＋ 月 ＝ □

④ 尺 ＋ 日 ＋ 一 ＝ □

⑤ 立 ＋ 木 ＋ 見 ＝ □

⑥ 土 ＋ 口 ＋ 𧘇 ＋ 辶 ＝ □

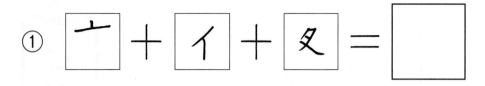

じゅく語で あそぼう ①

なまえ

がつ　にち

1 手《て》と 手を 線《せん》で むすんで じゅく語《ご》を 作《つく》りましょう。

(1) ついになることば

ア 大　イ 左　ウ 男　エ 上

あ 右　い 女　う 小　え 下

(2) よび方《かた》

ア 先　イ 学　ウ 森　エ 糸

あ 校　い 生　う 車　え 林

2 かん字《じ》の しりとりを しましょう。
→に 読《よ》むと しりとりに なるよう かん字を 書《か》きましょう。

(1)

① →（とし　つき）
② ↓（つき　ひ）
③ ←（にっ　ちゅう）
④ ↓（ねん　じゅう）

年	

① 何年《なんねん》もの 長《なが》い 時間《じかん》。

② 時間や 年月《ねんげつ》。

③ 昼間《ひるま》。

④ 一年の間《あいだ》。

(2)

① いっ しょう［　］［生］……生《う》まれてから しぬまで

↓

② なま みず［　］［　］……わかして いない 水《みず》

↓

③ すい しゃ［　］［　］……ながれる 水の 力で 回《まわ》る 車《くるま》

↓

④ しゃ ちゅう［　］［　］……自《じ》どう車《しゃ》や れっ車の 中《なか》

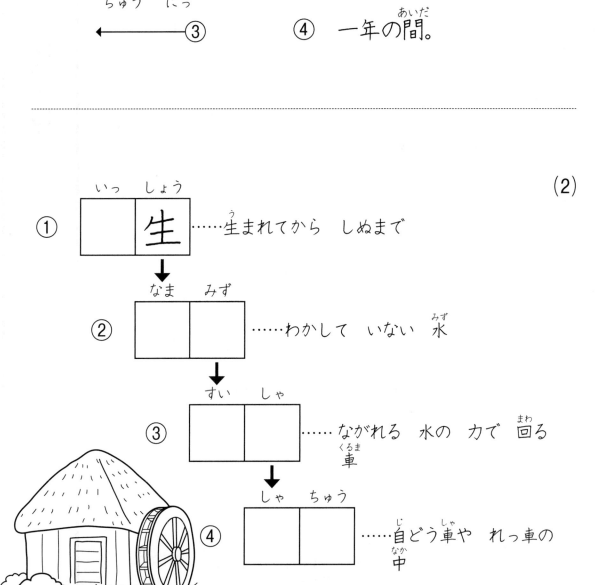

じゅく語で あそぼう ②

なまえ

がつ　にち

1 手《て》と 手を 線《せん》で むすんで じゅく語《ご》を 作《つく》りましょう。

(1) ついになることば

ア	イ	ウ	エ
売	昼	遠	強

あ	い	う	え
近	弱	買	夜

(2) よび方《かた》

ア	イ	ウ	エ
兄	多	前	晴

あ	い	う	え
少	弟	雨	後

2 かん字《じ》の しりとりを しましょう。
→に 読《よ》むと しりとりに なるよう かん字を 書《か》きましょう。

(1)

①→（ぜん　じつ）　②↓（にち　や）　③←（しょく　や）　④↑（ぜん　しょく）

前	

① その 前《まえ》の 日《ひ》。

② 昼《ひる》も 夜《よる》も。

③ 夜 おそく なって から 食《た》べる ごはん。

④ 食《しょく》じの 前。

(2)

①→（すい　もん）　②↓（もん　じん）　③←（せい　じん）　④↑（みず　なま）

水	

① 水《みず》の ながれを ととのえる ための もん。

② ある 先生《せんせい》に ついて、教《おし》えを うけている 人《ひと》。

③ 人が このよに 生《い》きている 間《あいだ》。

④ わかして いない 水。

じゅく語で　あそぼう　③

なまえ

がつ　にち

1 つぎの　かん字《じ》には　ひみつが　あります。
ヒントから　どの　かん字か　□から　えらんで　書《か》きましょう。

① 才⇓戸⇓市⇓光⇓□（画数）

南　明　角

② 記⇓絵⇓話⇓紙⇓□（かん字の　ぶぶん　ぶ首）

科　線　読

③ 公⇓工⇓広⇓行⇓□（音読み）

後　考　谷

④ 刀⇓冬⇓東⇓頭⇓□（音読み）

答　電　同

2 手《て》と　手を　線《せん》で　むすんで　三文字《さんもじ》の　じゅく語《ご》を　作《つく》りましょう。

(1)

① 新聞《しんぶん》
② 音楽《おんがく》
③ 日曜《にちよう》
④ 水道《すいどう》

室《しつ》
紙《し》
水《すい》
日《び》

(2)

① 魚《うお》
② 紙《かみ》
③ 高《こう》
④ 糸《いと》

市場《いちば》
電話《でんわ》
風船《ふうせん》
学年《がくねん》

じゅく語で あそぼう ④

なまえ

がつ　にち

1 つぎの かん字《じ》は 同《おな》じ 読《よ》み方《かた》を します。■に 入《はい》る ぶぶんを ㋐、㋑に 書《か》いて じゅく語《ご》を かんせい させましょう。

① エン　口（㋐■）　辶（㋑■）
⇓
㋐ 袁　→　公《こう》園《えん》
㋑ 袁　→　□《えん》□《そく》

② チ　氵（㋐■）　土（㋑■）
⇓
㋐ 也　→　□《でん》□《ち》
㋑ 也　→　□《ち》□《か》

③ カイ　会　（㋐■）会
⇓
㋐ 糸　→　□《かい》□《が》

④ リ　里　（㋐■）里
⇓
㋐ 王　→　□《り》□《か》

⑤ キ　気　（㋐■）气
⇓
㋐ 氵　→　□《き》□《しゃ》

2 ばらばらに なっている かん字を 組《く》み立《た》てて じゅく語を 作《つく》りましょう。

① 糸　电　白　⻗　水

② 言　丨　士　日　冗　亖

③ 日　云　土　勿　人

④ 少　辶　自　止　䒑

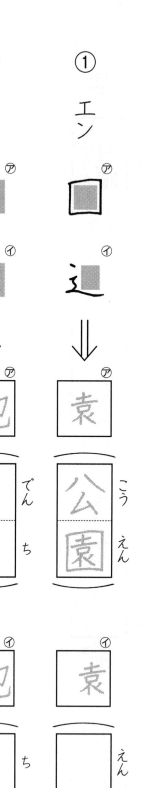

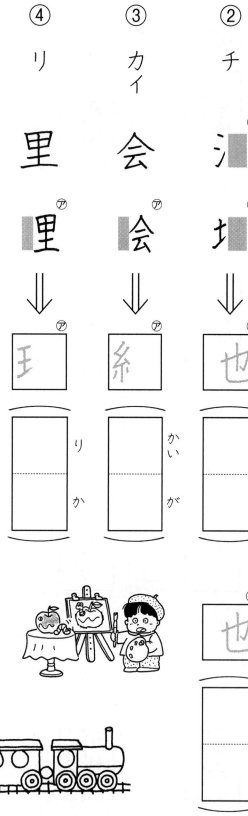

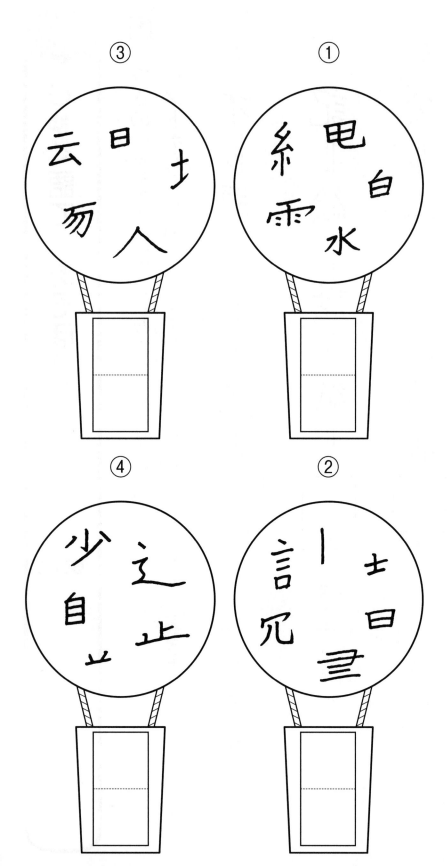

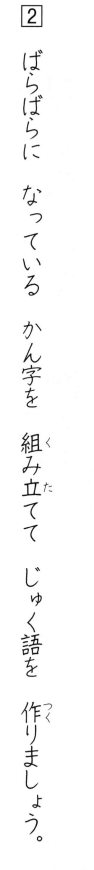

じゅく語で あそぼう ⑤

なまえ

がつ　にち

1 →に 読《よ》むと じゅく語《ご》に なります。かくれている かん字《じ》を □ から えらんで 書《か》きましょう。

(1)

① 天 / 外 □ 内 / 王

② 教 / 社 □ 合 / 計

③ 時 / 年 □ 道 / 食

(わきみち ぬけみち)

間 国 会

(2)

① 近 / 肉 □ 子 / 切

② 市 / 車 □ 池 / 気

③ 図 / 読 □ 家 / 体

電 親 書

2 □に 合《あ》う かん字を から えらんで 書きましょう。

(1)

心 親 新

① □切

② 中□

③ □聞

(2)

行 高 交 工

① □通

② □校生

③ □場

④ □どう

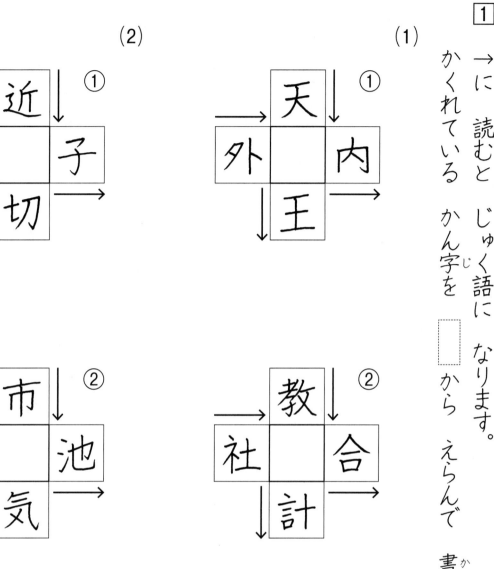

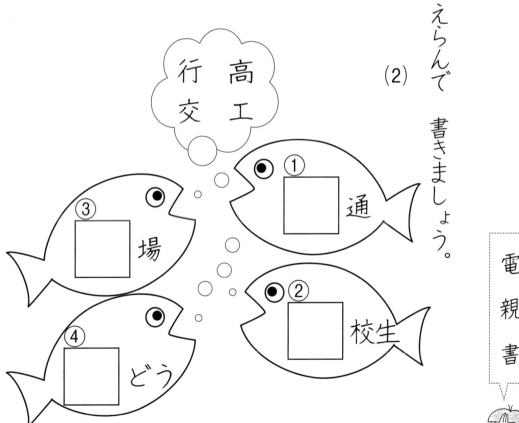

かん字　まちがい　さがし

なまえ

がつ　にち

✿ つぎの　文《ぶん》は、かん字《じ》が　おかしい　ところが　あります。
――の　正《ただ》しい　かん字を　□に　書《か》きましょう。

① ㋐犬《おお》きい　㋑大《いぬ》を　㋒貝《み》た。

㋐ □　㋑ □　㋒ □

② ㋐玉《おう》様は　㋑王《たま》を　もって　いる。

㋐ □　㋑ □

③ ㋐字《がっ》㋑交《こう》で　㋒学《じ》を　ならって　いる。

㋐ □　㋑ □　㋒ □

④ 太《ふと》い　㋐本《き》の　そばで　㋑木《ほん》を　読《よ》む。

㋐ □　㋑ □

⑤ ㋐石《みぎ》㋑兄《あし》が　㋒右《いし》に　つまずいた。

㋐ □　㋑ □　㋒ □

⑥ ㋐中《むし》かごの　㋑虫《なか》に　㋒見《かい》を　㋓人《い》れた。

㋐ □　㋑ □　㋒ □　㋓ □

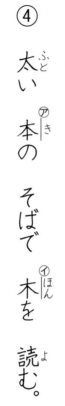

かん字で ダジャレ ①

なまえ

がつ にち

❀ つぎの 文《ぶん》は、ダジャレに なって います。
—に 合《あ》う かん字《じ》を □に 書《か》きましょう。

① うてんでは、ヒットも うてん。
雨天

② みたらしだんごを 売《う》って いる ところを みたらしい。

③ アヒルが 出《で》てきた、「あ、ひるだ。」

④ はくさいを たべて、ひゃくさいまで 生きよう。

⑤ しゃないで ころんだ。しゃーないな。

⑥ くるまが くるまで まつわ。

⑦ オオカミが トイレで、「おお、かみがない。」

⑧ かえる とちゅうで、カエルと チュー。

⑨ にわに、二わの ニワトリ。

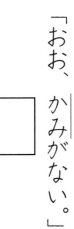

かん字で　ダジャレ　②

なまえ

がつ　にち

✿ つぎの　文《ぶん》は、ダジャレに　なって　います。
――に　合《あ》う　かん字《じ》を　□に　書《か》きましょう。

① 新《あたら》しい　かたなを　かったなー。

□　□った

② がいしゃを　売《う》る　かいしゃを　見《み》つけた。

③ いけに　入《はい》っては、いけません。

④ カンガルーは、よく　かんがえる　どうぶつだ。

□がえる

⑤ きょうとう　先生《せんせい》は、きょうと　あす、お休《やす》みです。

⑥ どうとくの　もんだいは、「どう、とくの。」

⑦ テントウムシは　おてんとうさまに　むかって　とぶらしい。

天道

※おてんとうさま＝たいよう

⑧ かいがいでの　かいがが　教室《きょうしつ》。

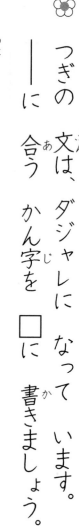

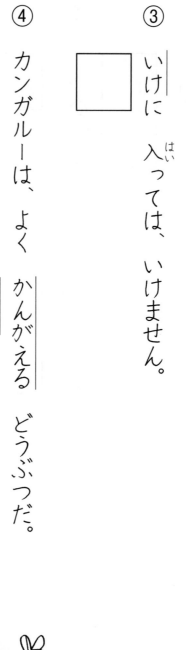

かん字で ダジャレ ③

なまえ

がつ　にち

❀ つぎの 文《ぶん》は、ダジャレに なって います。
―に 合《あ》う かん字《じ》を □に 書《か》きましょう。

① せんとうの 人《ひと》が せんとうに 入《はい》った。

□

（せんとう＝おふろやさん）

② こうちょう先生《せんせい》、ただいま ぜっこうちょう。

□

③ こうようを 見《み》に いこうよ。

□こう

④ よじに ようじが あった。

□ □じ

⑤ せんせいが かい会《かい》しきで せんせい した。

□

⑥ さんぽ 歩《ある》いても さんぽだよ。

□

⑦ てんとうの でんとうが てんとうした。

□ □ □とう

（てんとう）
＝おみせの入り口
＝あかりをつけること

⑧ かいてんずしやが、かいてん した。

□ □

早口ことば ①

なまえ

がつ　にち

つぎの 早口《はやくち》ことばを、声《こえ》に 出《だ》して 読《よ》みましょう。
読めたら、□に 早口ことばを 書《か》きましょう。

①

にわ（庭）には

にわ（二羽）

にわとりがいる

②

あか（赤）パジャマ

き（黄）パジャマ

ちゃ（茶）パジャマ

③

カエルぴょこぴょこ

み（三）ぴょこぴょこ

あわせて（合）

ぴょこぴょこ

む（六）ぴょこぴょこ

早口ことば ②

なまえ

がつ　にち

1 つぎの 早口《はやくち》ことばを、声《こえ》に 出《だ》して 読《よ》みましょう。読めたら、□に 早口ことばを 書《か》きましょう。

① なまむぎ（生麦）
なまごめ（生米）
なまたまご（生タマゴ）

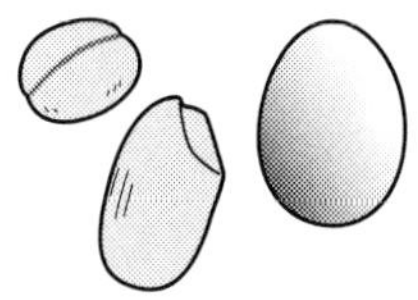

② となりのきゃくは
よくかきくうきゃくだ（食）

③ ぼうずがびょうぶに
じょうずに（上手）
ぼうずのえをかいた（絵）

2 つぎの 早口ことばを スラスラ 三回《さんかい》 読みましょう。

ア うり売《う》りが
うり売りに来《き》て
うり売れず
売り売り帰《かえ》る
うりの声《こえ》

イ わしの山《やま》に
わしがいて
わしがてっぽうで
うったら
わしがびっくり
わしもびっくり

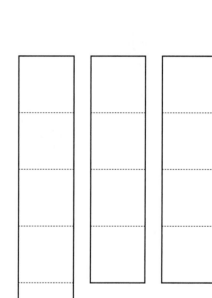

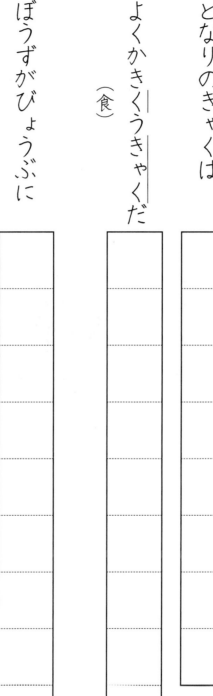

ものは　づくし

なまえ

がつ　にち

❀「ものは　づくし」は、「○○は、□□」という形《かたち》で、つぎつぎと　文《ぶん》を　つづけていく　ことばあそびです。つぎの　文の　□に　入《はい》る　ことばを　考《かんが》えましょう。

さよなら　三角《さんかく》　またきて　四角《しかく》

四角は、とうふ

とうふ　は　白い

白《しろ》いは　□

うさぎは、はねる

□　は　□

カエルは　□

青《あお》いは、やなぎ

□　は、ゆれる

□　は　□

ゆうれいは、きえる

※どんどん　つづく

❀上《うえ》のように　自分《じぶん》で　考えて　作《つく》ってみましょう。

白いは（　　　）

（　　　）は（　　　）

なぞなぞ ①

なまえ

がつ　にち

❀ つぎの　なぞなぞに　答《こた》えましょう。

① ごみを　あつめる　鳥《とり》。

② せかいの　まん中《なか》に　いる　虫《むし》。

③ シュウマイの　中に　入《はい》って　いる　どうぶつ。

④ いつも　自《じ》どう車《しゃ》に　のって　いるのは　何《なに》ジン？

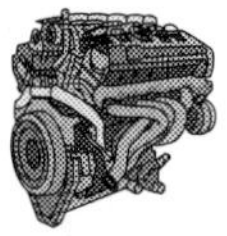

⑤ 食《た》べると　おとうさんが　きらいに　なる　くだもの。

⑥ サイフの　中に　かくれて　いる　どうぶつ。

⑦ ボウシの　中に　かくれて　いる　どうぶつ。

⑧ タイは　タイでも、首《くび》に　まくのは　何タイ？

⑨ 通《とお》る　ときには　しまって、通らない　ときには　ひらいて　いる　もの。

⑩ えきで　はたらく　鳥《とり》。

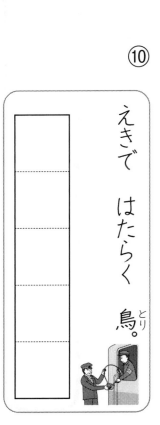

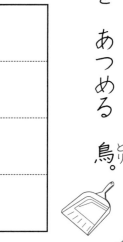

なぞなぞ ②

なまえ

がつ　にち

✿ つぎの　なぞなぞに　答《こた》えましょう。

①

いつも、うがいを　する　ヘビ。

②

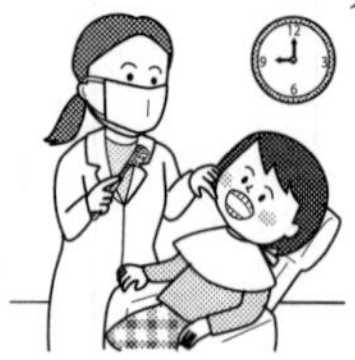

むしばを　なおして　くれる　どうぶつ。

③

いつも　気《き》合《あ》いが　入《はい》って　いる　魚《さかな》。

④

ぜんぜん　つかれない　どうぶつ。

⑤

しまの　中《なか》に　六《ろっ》ぴきの　どうぶつが　います。

⑥

いつも　かぜばかり　ひいて　いる　どうぶつ。

⑦

いくら　毛《け》が　生《は》えて　いても　気《き》に　しない　虫《むし》。

⑧

食《た》べると　よっぱらって　しまいそうな　魚。

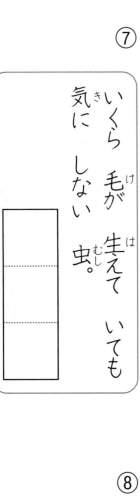

なぞなぞ ③

なまえ

がつ　にち

つぎの　なぞなぞに　答《こた》えましょう。

①
いつも、もんく　ばかり
言《い》って　いる　どうぶつ。

②
さかさに　して　アイロンを
すると　きえて　しまう　鳥《とり》。

③
何《なに》を　やっても　上手《じょうず》な
どうぶつ。

④
おかあさんの　そばより、
火《ひ》の　そばが　すきな　鳥。

⑤
町《まち》の　中《なか》で　一番《いちばん》　えらい
虫《むし》。

う

⑥
戸《と》の　かげに　かくれて
いる　生《い》きもの。

⑦
れいぞうこの　中《なか》に　いる
どうぶつ。

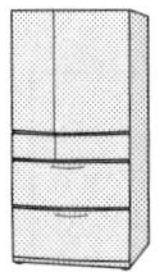

⑧
わかめの　中に　入《はい》って　いる
と、びっくりする　どうぶつ。

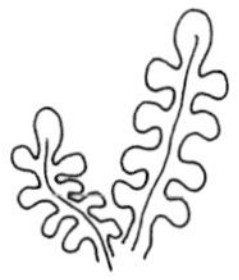

⑨
けいたい　電話《でんわ》の　中に　いる
魚《さかな》。

⑩
さか立《だ》ち　すると、人《ひと》の　さいふを
とって　しまう　どうぶつ。

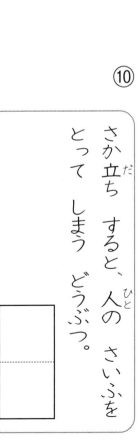

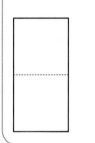

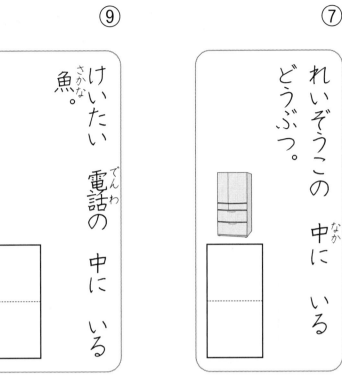

なぞなぞ ④

なまえ

がつ　にち

つぎの　なぞなぞに　答《こた》えましょう。

①
いつも　会《あ》ったら、せきを
しろと　言《い》われる　鳥《とり》。

②
トラックの　中《なか》に　いる
どうぶつ。

③
本《ほん》を、よごれないように
してくれる　どうぶつ。

④
何《なに》を　やっても　三回《さんかい》　かつ
生《い》きもの。

ウオ

⑤
何を　しても、すぐ
やめて　しまう　犬《いぬ》。

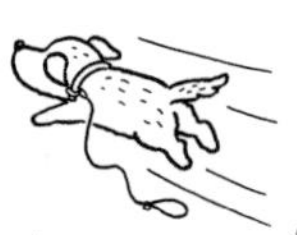

⑥
ウインクが　とくいな　虫《むし》。

⑦
ひっくり　かえると、
かるく　なる
生きもの。

⑧
木曜日《もくようび》の　つぎの　日《ひ》に
見《み》つけられる　魚《さかな》。

金

⑨
夜中《よなか》　ねないで、ずっと
テレビを　見ている　どうぶつ。

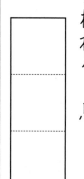

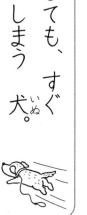

なぞなぞ ⑤

なまえ

がつ　にち

つぎの　なぞなぞに　答《こた》えましょう。

①
あんぱん・メロンパン・食《しょく》パン
人《ひと》の　話《はなし》を　よく　聞《き》く　パン。

②
ねずみが
通《かよ》っている　学校《がっこう》。

③
プロペラが　あるのに
とばない「き」。

④
のむと、おこられる
のみもの。

⑤
カメが　わに　なって
食《た》べる　もの。

⑥
フランスの　パンは、
フランスパン。日本《にほん》の　パンは。

⑦
おすしやさんで、ねだんが
気《き》になる　おすし。

⑧
こげば　こぐほど、上《うえ》に
上《あ》がって　いく　のりもの。

⑨
げんかんで　すると、人《ひと》が
出《で》て　くる　スポーツ。

⑩
イスは　イスでも、からくて
おいしい　イス。

ス

なぞなぞ ⑥

なまえ

がつ　にち

✿ つぎの　なぞなぞに　答《こた》えましょう。

①
家《いえ》の　中《なか》で　こわい　話《はなし》を　する　ところ。

②
びょういんで　みて　もらう　せの　高《たか》い　きぐ。

き

③
さわる　だけで　手《て》が　ふるえて　しまう　家《か》ぐ。

④
日《ひ》にちが　きまって　いるのに、はっきり　しない　日。

⑤
えんぴつを　つかわなくても、ねている　ときに　かける　こと　が　できる　もの。

⑥
5を　はんぶんに　する　食《た》べもの。

⑦
ひもを　つかって　あそぶ　鳥《とり》。

⑧
計算《けいさん》で、ぜったいに　三《さん》を　足《た》さない　人《ひと》って、どんな　人。

さん

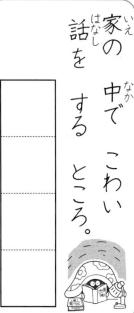

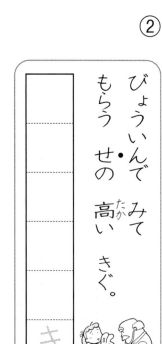

かんようく

なまえ

がつ　にち

1 □には、体《からだ》の 名前《なまえ》が 入《はい》ります。絵《え》を ヒントに 答《こた》えましょう。

① [かた]を もつ
（みかたを したり、ひいき したり すること。）

② □が ぼうになる
（歩《ある》き つかれる こと。）

③ □が 上《あ》がる
（うまく なる こと。）

④ □を きめる
（もう これしか ないと かくご する こと。）

⑤ □を かかえる
（とても こまる こと。）

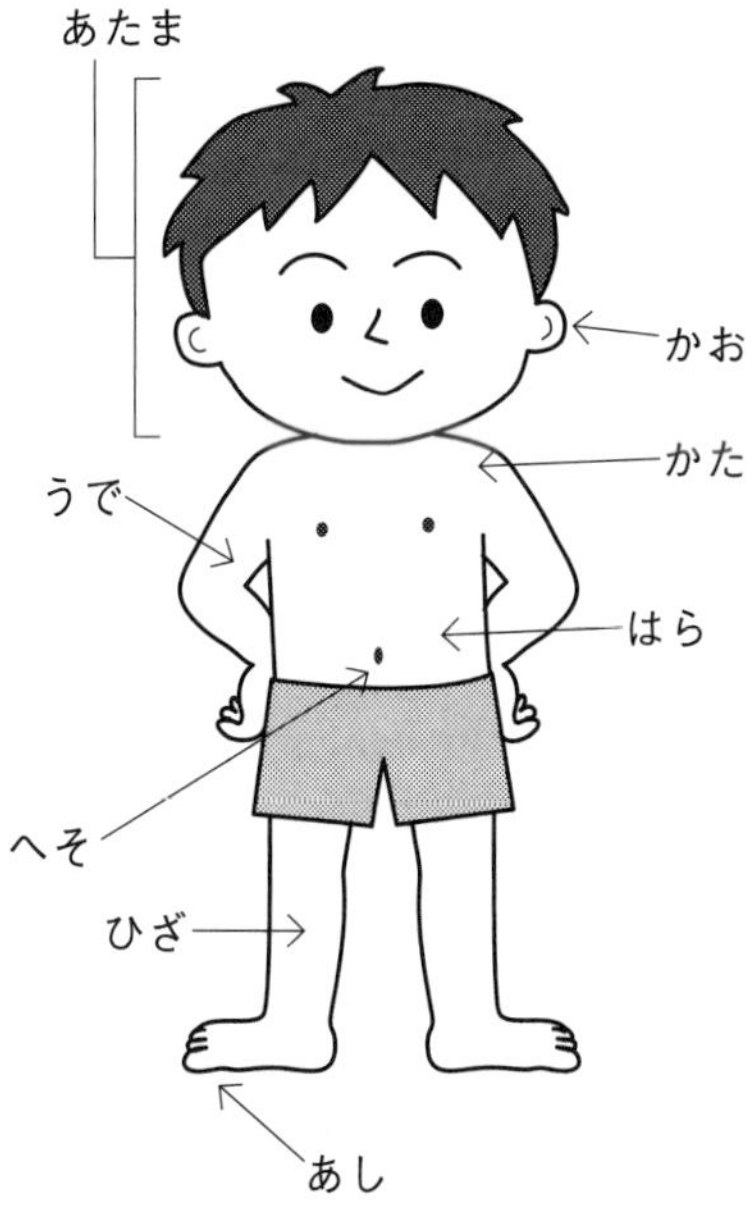

あたま
かお
かた
うで
はら
へそ
ひざ
あし

2 □には、顔《かお》の 名前が 入ります。絵を ヒントに 答えましょう。

① [はな]が 高《たか》い
（じまん したくて、とくいで ある。）

② □が かたい
（言《い》っては いけない ことを、人《ひと》には 言《い》わない こと。）

③ □を あつめる
（あつまって、そうだんする こと。）

④ □が いたい
（自分《じぶん》の 弱《よわ》い ところを 言われて、聞《き》くのが つらい。）

⑤ □が まわる
（あまりにも いそがしい こと。）

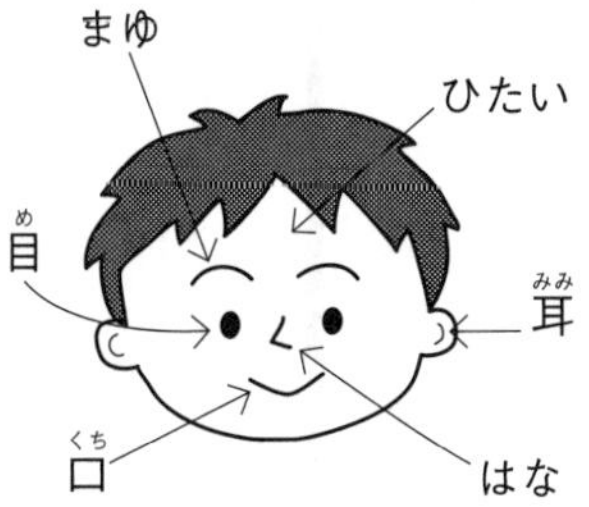

まゆ
ひたい
目《め》
耳《みみ》
口《くち》
はな

ことわざ ①

なまえ

がつ　にち

❀ つぎの ことわざと せつめいの 文《ぶん》を 線《せん》で むすびましょう。

① 七《なな》ころび 八《や》おき

② 石《いし》ばしを たたいて わたる

③ 花《はな》より だんご

④ ちりも つもれば 山《やま》と なる

⑤ さるも 木《き》から おちる

⑥ ねこに 小《こ》ばん

あ

なんど しっぱいしても、あきらめずに やり 直《なお》す こと。

い

ほんの 少《すこ》しの ことでも、つみ かさねると、大《おお》きな ことに なる という こと。

う

とても 気《き》を つけて こうどうする こと。

え

見《み》た 目《め》の よいものより、やく立《だ》つ ものの 方《ほう》が よい こと。

お

どんなに ねうちの あるものも、それが わからない 人《ひと》には、むだな もので ある こと。

か

どんな 上手《じょうず》な 人にでも、しっぱいは ある こと。

ことわざ ②

なまえ

がつ　にち

❀ つぎの ことわざには 生《い》きものが 入《はい》ります。
□を なぞり、せつめいの 文《ぶん》を 線《せん》で むすびましょう。

① ねこ の 手《て》も かりたい　・　・　Ⓐ いくら 言《い》っても、きき目《め》が ない こと。

② うま の 耳《みみ》に ねんぶつ　・　・　Ⓘ とても いそがしい こと。

③ いぬ も 歩《ある》けば ぼうに あたる　・　・　Ⓤ なにかを していると、よい ことや わるい ことに 出合《であ》う こと。

④ ぶた に しんじゅ　・　・　Ⓔ ねうちが わからない 人《ひと》に、大切《たいせつ》な ものを あたえても ムダに なる こと。

⑤ くさっても たい　・　・　Ⓞ もう にげる ところが ない こと。

⑥ ふくろの ねずみ　・　・　Ⓚ 本当《ほんとう》に いい ものは、少《すこ》し ぐらい 古《ふる》く なっても すばらしい ものだと いう こと。

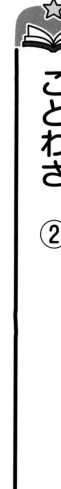

ことわざ ③

なまえ

がつ にち

❀ つぎの ことわざには 生《い》きものが 入《はい》ります。
□を なぞり、せつめいの 文《ぶん》を 線《せん》で むすびましょう。

① うなぎ のぼり ・ ・ あ

② いたち ごっこ ・ ・ い

③ きつね に つままれる ・ ・ う

④ むし の いどころ が わるい ・ ・ え

⑤ うま が 合《あ》う ・ ・ お

⑥ ねこ を かぶる ・ ・ か

あ まるで きつねに だまされた ように 何《なに》が なんだか わからなくなる こと。

い ものごとが どんどん のぼって いく ようす。

う 同《おな》じ ことの くりかえしで、前《まえ》に すすまない こと。

え ほんとうの せいかくを かくして、おとなしく 見《み》せる こと。

お きげんが わるく、ちょっと した ことで おこり出《だ》す こと。

か 気《き》もちや せいかくが ぴったり あう こと。

ことわざ ④

なまえ

がつ　にち

❀ つぎの ことわざには 生《い》きものが 入《はい》ります。
□に 入る、生きものを ひらがなで 書《か》きましょう。

①
□□のひと声《こえ》
〔力《ちから》の 強《つよ》い 人《ひと》の、たった 一言《ひとこと》で きまる こと。〕

②
□□□ごっこ
〔なんども 同《おな》じ ことの くり かえしで、前《まえ》に すすまない。〕

③
す□□のなみだ
〔とても 少《すく》ない りょうの こと〕

④
□□□のよめいり
〔天気《てんき》が いいのに、雨《あめ》が ふって くる こと。〕

⑤
□□ににらまれた□□□
〔強《つよ》い ものの 前《まえ》では、こわくて うごけない こと。〕

⑥
□□をかぶる
〔本当《ほんとう》の せいかくを かくして、おとなしく 見《み》せる こと。〕

⑦
月《つき》と□□□□
〔くらべものに ならない くらい、ちがいが ある こと。〕

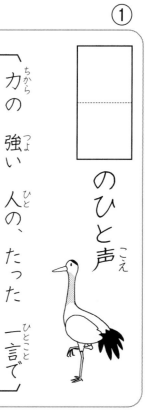

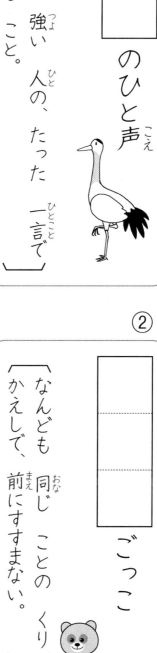

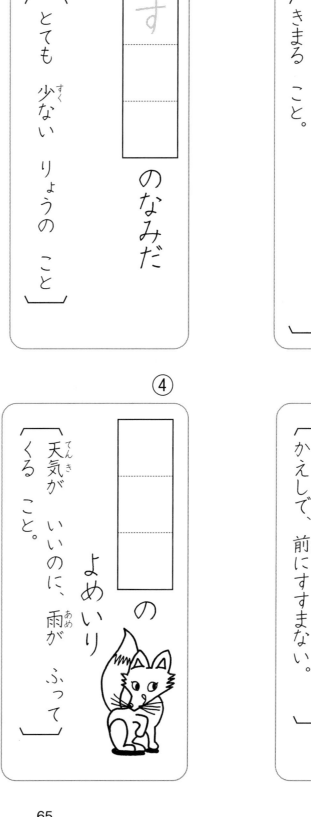

つぎの　ことわざには　生《い》きものが　入《はい》ります。
□に　入《はい》る、生きものを　ひらがなで　書《か》きましょう。

① □□　も　木《き》から　おちる

② □□　に　小《こ》ばん

③ □□□　の　子《こ》は　かえる

④ □□□　の　行水《ぎょうずい》

⑤ とらぬ　□□□　の　かわ算用《ざんよう》

2 いみが　よくにた　ことわざです。
つぎの　ことわざに　出《で》てくる　生《い》きものを　かきましょう。

① □□　に　小《こ》ばん　＝　□□□　に　しんじゅ

② □□　も　木《き》から　おちる　＝　□□□　の　川《かわ》ながれ

③ なきっつらに　□□　＝　弱《よわ》り　目《め》に　たたり　目

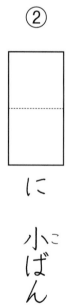

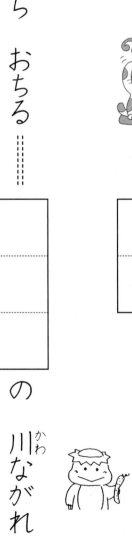

ひらがな　クロスワード　①

なまえ

がつ　にち

1　かぎを　見《み》て、クロスワードを　かんせい　させましょう。

タテのかぎ

1　どうぶつ。「百《ひゃく》じゅうの　王《おう》」と　いわれる。

2　イカの　出《だ》す　すみの　色《いろ》。

4　小《ちい》さな　石《いし》の　こと。

6　海《うみ》の　水《みず》から　つくられる。おすもうさんが　土《ど》ひょうに　まくもの。

1 ら	2		■
3		■	4
5		6	
	■	7	

ヨコのかぎ

1　さばくに　いる　どうぶつ。コブが　ある。

3　赤《あか》や　黄《き》や　青《あお》などが　ある。「〇〇えんぴつ」

5　あじが　よいこと。「うまい」とも　いう。

7　花《はな》を　紙《かみ》に　はさんで　おさえて、かわかした　もの。「〇〇ばな」

2　絵《え》を　見て　ことばの　しりとりを　しましょう。

スタート

め
だ
か　き
□
こ　□　□　□　り
□　ず　め

ゴール

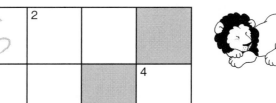

ひらがな　クロスワード　②

なまえ

がつ　にち

1 かぎを　見《み》て、　クロスワードを　かんせい　させましょう。

タテのかぎ

1 フルーツとも　いう。木《き》に　なる　み。食《た》べられる。

2 森《もり》や　木に　すむ　小《ちい》さな　どうぶつ。しっぽは　太《ふと》く　長《なが》い。

4 日本人《にほんじん》が、むかしから　きている　ふく。

6 林《はやし》よりも　木が　たくさん　はえて　いる　ところ。

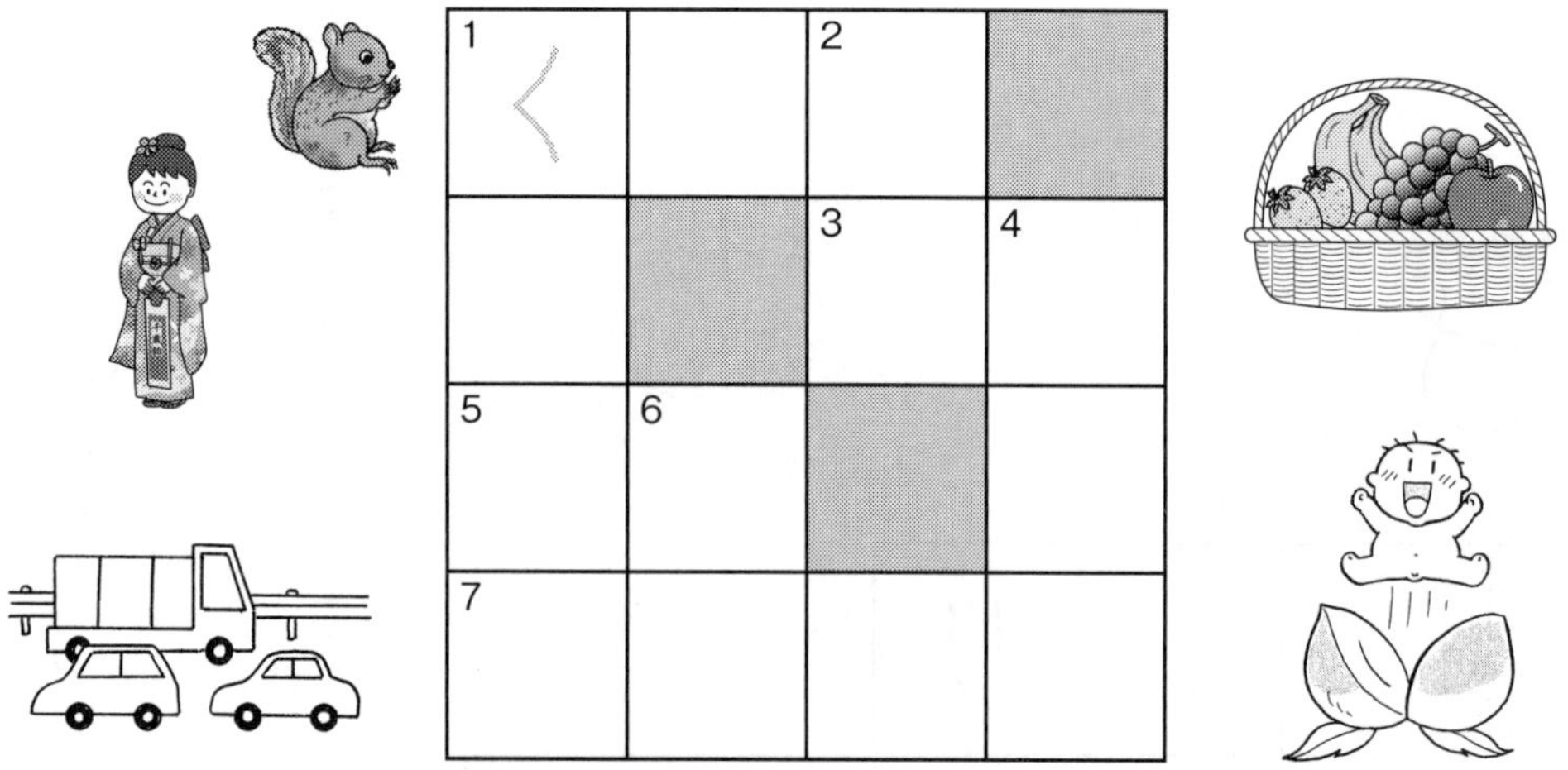

ヨコのかぎ

1 びょう気《き》や　きずを　なおす　もの。

3 気に　入《い》る　こと。心《こころ》が　ひかれる　こと。

5 〇〇から　生《う》まれた　「〇〇たろう」

7 人《ひと》を　のせて　はこぶもの。

2 絵《え》を　見て　ことばの　しりとりを　しましょう。

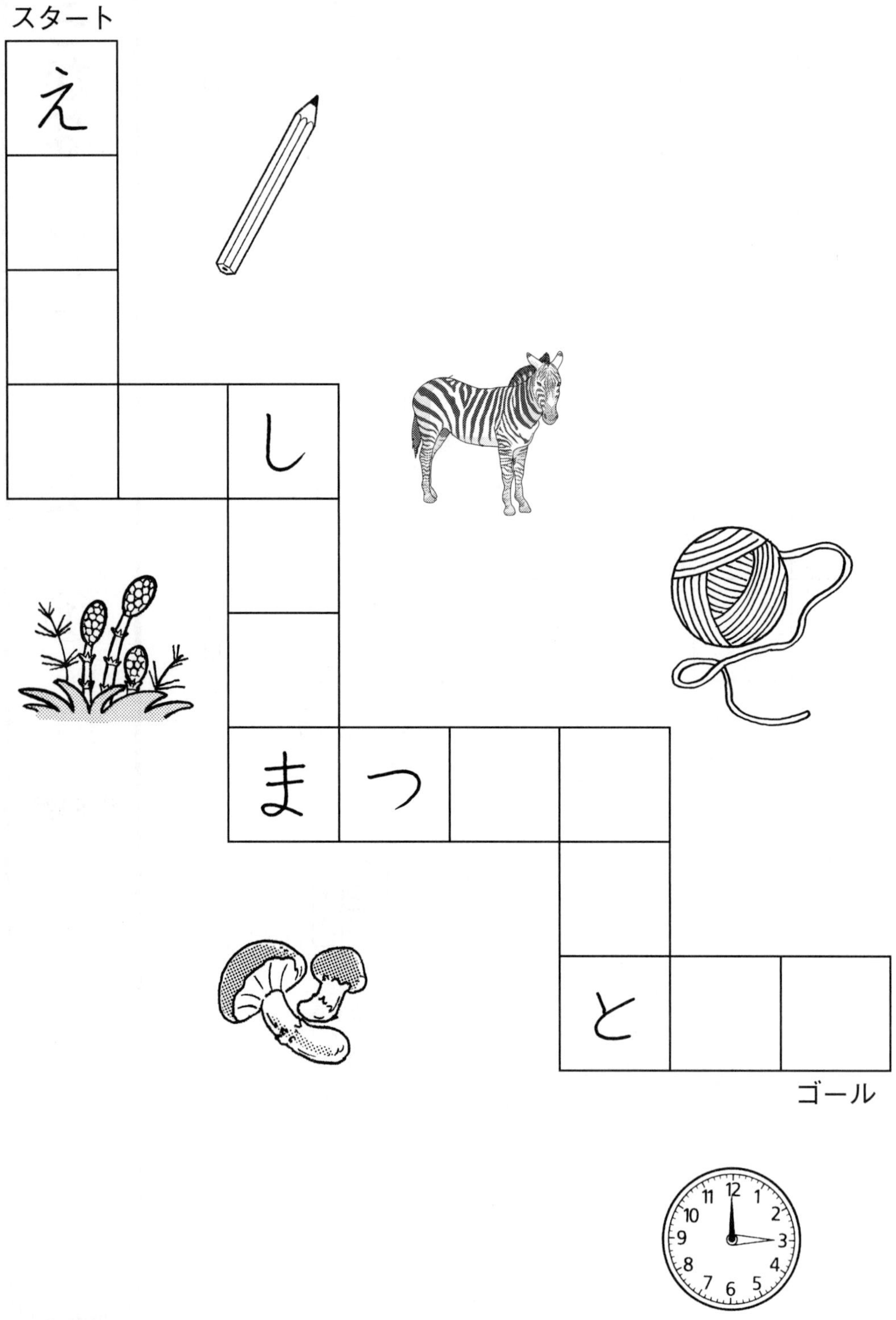

ひらがな クロスワード ③

なまえ

がつ　にち

1 かぎを 見《み》て、クロスワードを かんせい させましょう。

タテのかぎ

1 サンタクロースが 入《はい》って くる ところ。

2 明《あか》るいの はんたい。

4 ゆうめいな 大《だい》ぶつさんが ある。しかの いる ○○公園《こうえん》。

5 中《なか》に 何《なに》も 入って いないこと。「○○の はこ」

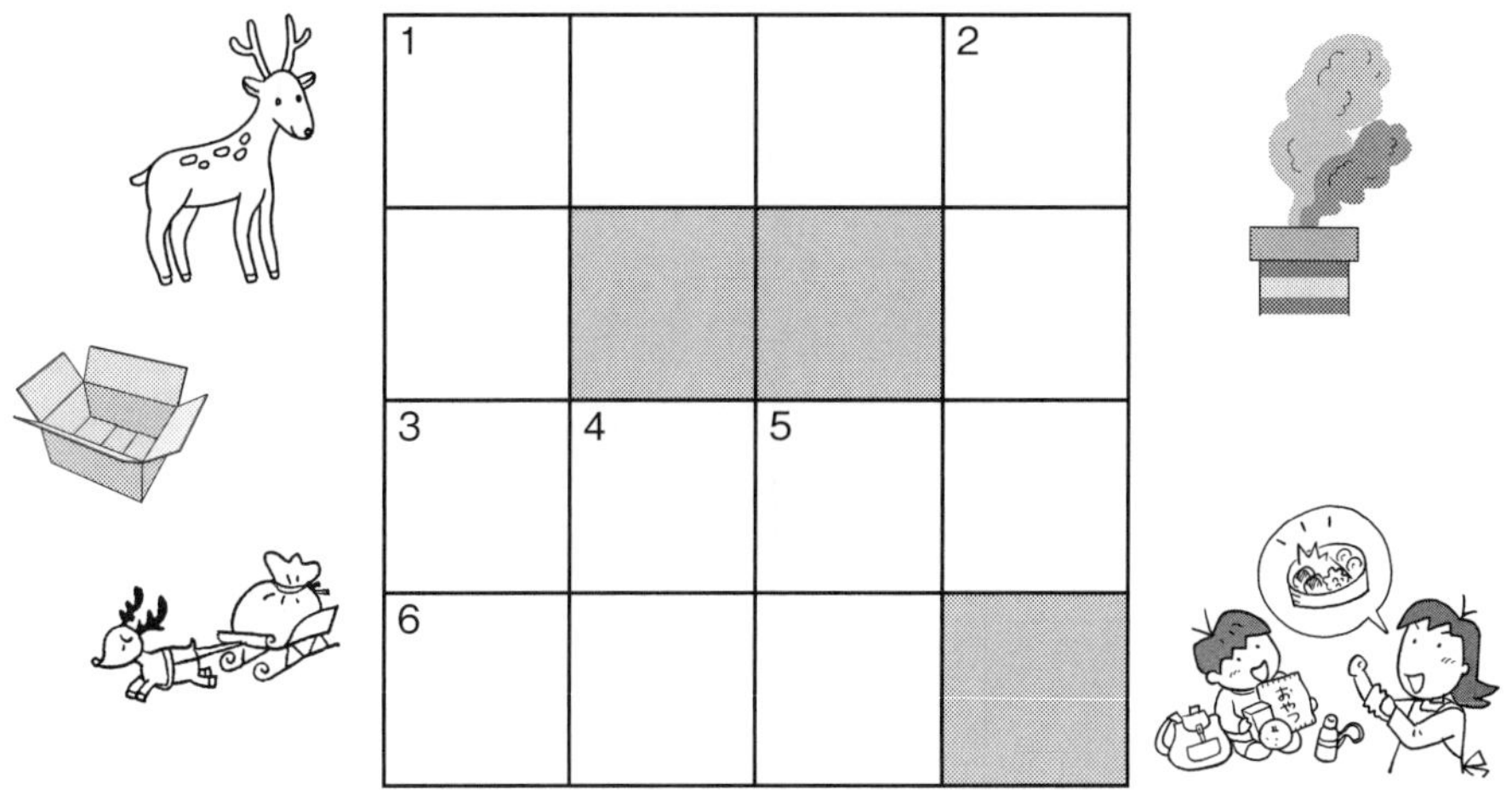

ヨコのかぎ

1 先生《せんせい》に つれられて 遠《とお》く まで 行《い》くこと。

3 サンタクロースが のって いる そりを 引《ひ》く どうぶつ。「赤《あか》い はなの ○○○○」

6 冬《ふゆ》に できる。水《みず》の しずくが こおって、たれ 下《さ》がった もの。

2 絵《え》を 見て ことばの しりとりを しましょう。

ひらがな クロスワード ④

なまえ

がつ　にち

1 かぎを 見《み》て、クロスワードを かんせい させましょう。

タテのかぎ

2 思《おも》いがけない こと。たまたま。

3 こしかけ。なが○○。

4 はたけで とれる 大《おお》きな み。夏《なつ》に 食《た》べる。

6 木に なる み。秋《あき》に 食べる。

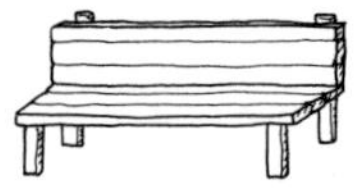

1	2	3	4
■	5		
6		■	
7			■

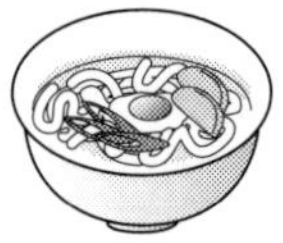

ヨコのかぎ

1 小鳥《ことり》。春先《はるさき》に「ホーホケキョ」と なく。

5 あつみが 少《すく》ない。

6 せきや はな水《みず》が 出《で》て、のども いたくなる。

7 お金《かね》や 大切《たいせつ》なものを 入《い》れておく ところ。

2 絵《え》を 見て ことばの しりとりを しましょう。

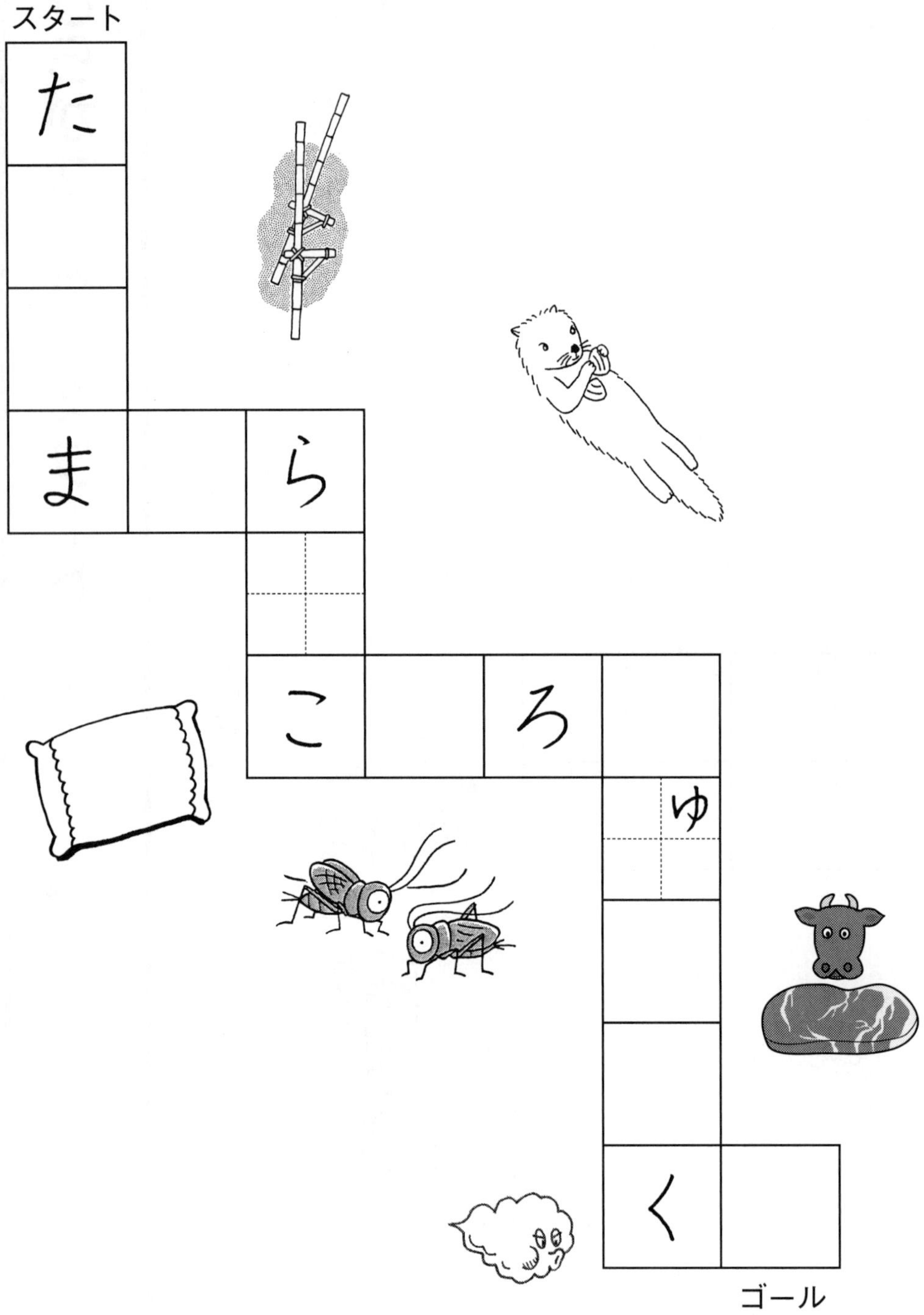

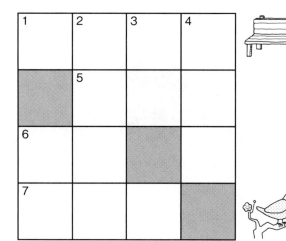

ひらがな クロスワード ⑤

なまえ

がつ　にち

1 かぎを 見《み》て、 クロスワードを かんせい させましょう。

タテのかぎ

1 おきゃくさんが くる こと。

2 いくつかの わを つなげたり はずしたりする あそぶ おもちゃ。

3 「よっつ」とも 言《い》う。

4 土地《とち》の かみさまを まつる 人《ひと》。

7 本《ほん》の 内《ない》ようの タイトルを ならべたもの。

9 広《ひろ》い 土地。「海《うみ》と ○○」

1	い	2	3	4
	■	5		
6	7		■	こ
8		9		■
10		■	11	

ヨコのかぎ

1 冬《ふゆ》は 雪《ゆき》の ように 毛《け》が 白《しろ》く なる 鳥《とり》。

5 ようちえんや ほいくえんの 子《こ》ども。

6 日本《にほん》の むかしの ふく。

8 きめられた やく。「当番《とうばん》の ○○○○」

10 あたりや はずれが ある。「○○を ひく」

11 いたに うつ 先《さき》が とがった 細長《ほそなが》い もの。

2 絵《え》を 見て、㋐〜㋓に 名前《なまえ》を 書《か》きましょう。☆は、お正月《しょうがつ》の あそびです。

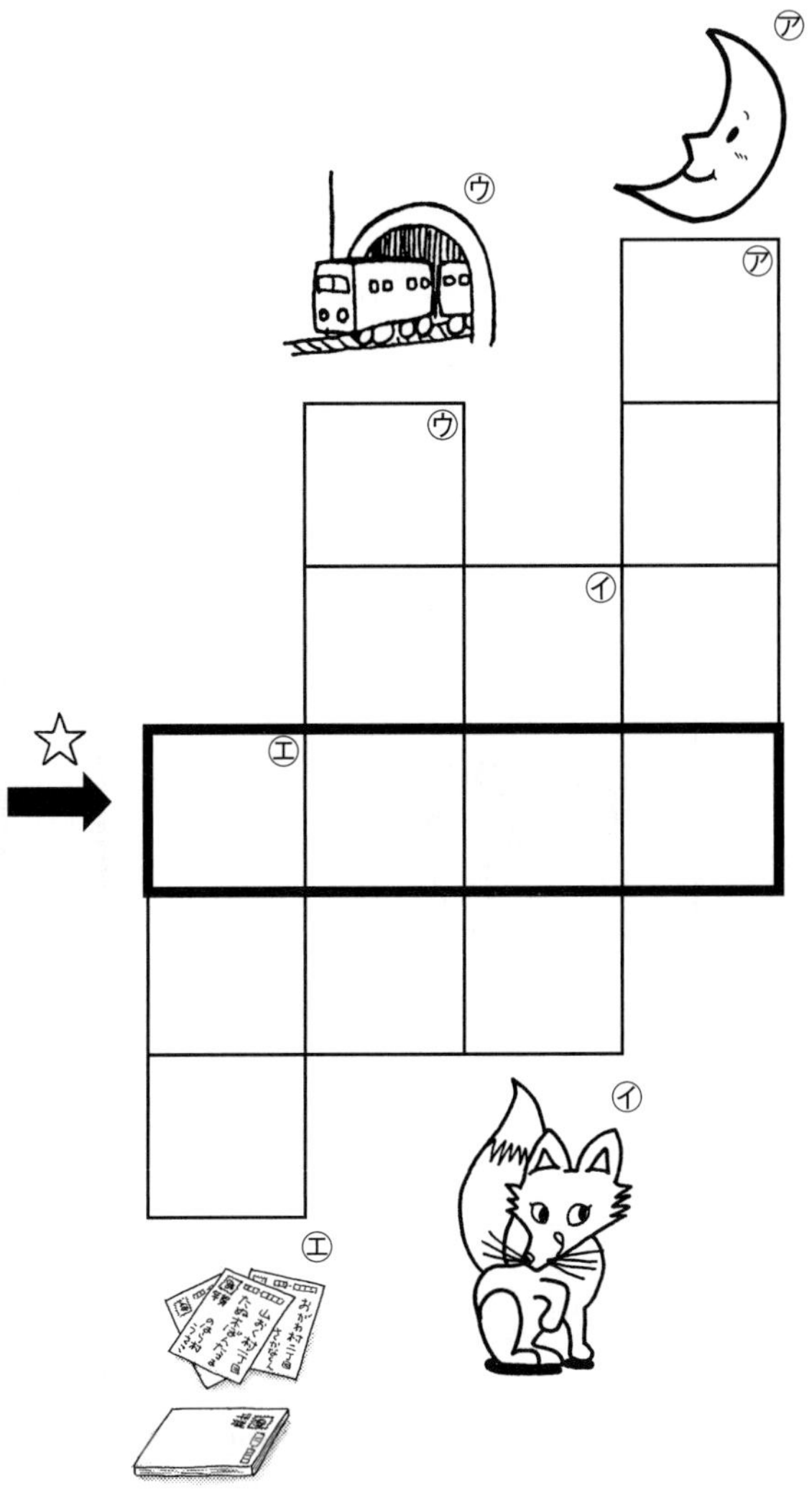

☆

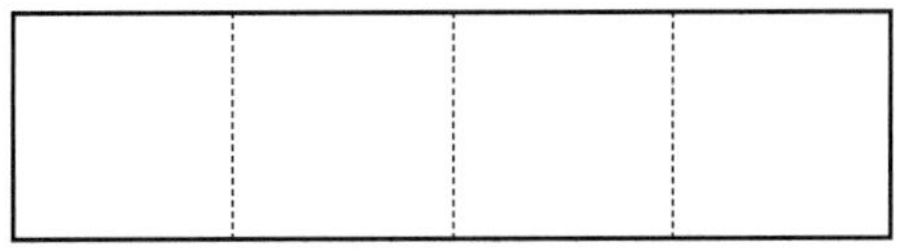

ひらがな クロスワード ⑥

なまえ

がつ　にち

1 かぎを 見《み》て、クロスワードを かんせい させましょう。

タテのかぎ

1 アイスを 売《う》って いる お店《みせ》。

2 頭《あたま》に 角《つの》が ある どうぶつ。ちちを しぼったり する。

3 もの音《おと》が しない ようす。

4 トカゲの なかま。「家《いえ》をまもる」と いわれる 生《い》きもの。

8 人《ひと》に かわれて いる どうぶつ。「〇〇の 手《て》も かりたい」

9 まるい 形《かたち》。

1 こ	2	3	4	■
5 お				
り	■	6		■
7 や	8	■	■	9
■	10			

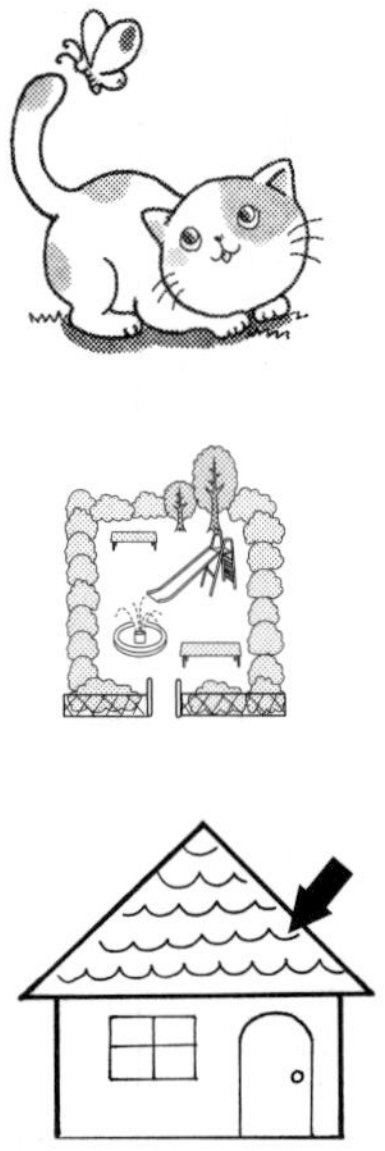

ヨコのかぎ

1 学校《がっこう》の たてもの。

5 あい手《て》の 体《からだ》を おして、土《ど》ひょうから 外《そと》に 出《だ》す すもう。

6 おじいさんは 山《やま》へ しば〇〇に 出《で》かける。

7 雨《あめ》などを ふせぐ、家《いえ》の 上《うえ》に ある もの。

10 すべり台《だい》が ある。子《こ》どもが あそんだり する ところ。

2 絵《え》を 見て、㋐～㋓に 名前《なまえ》を 書《か》きましょう。

☆は、毛糸《けいと》を つかった あそびです。

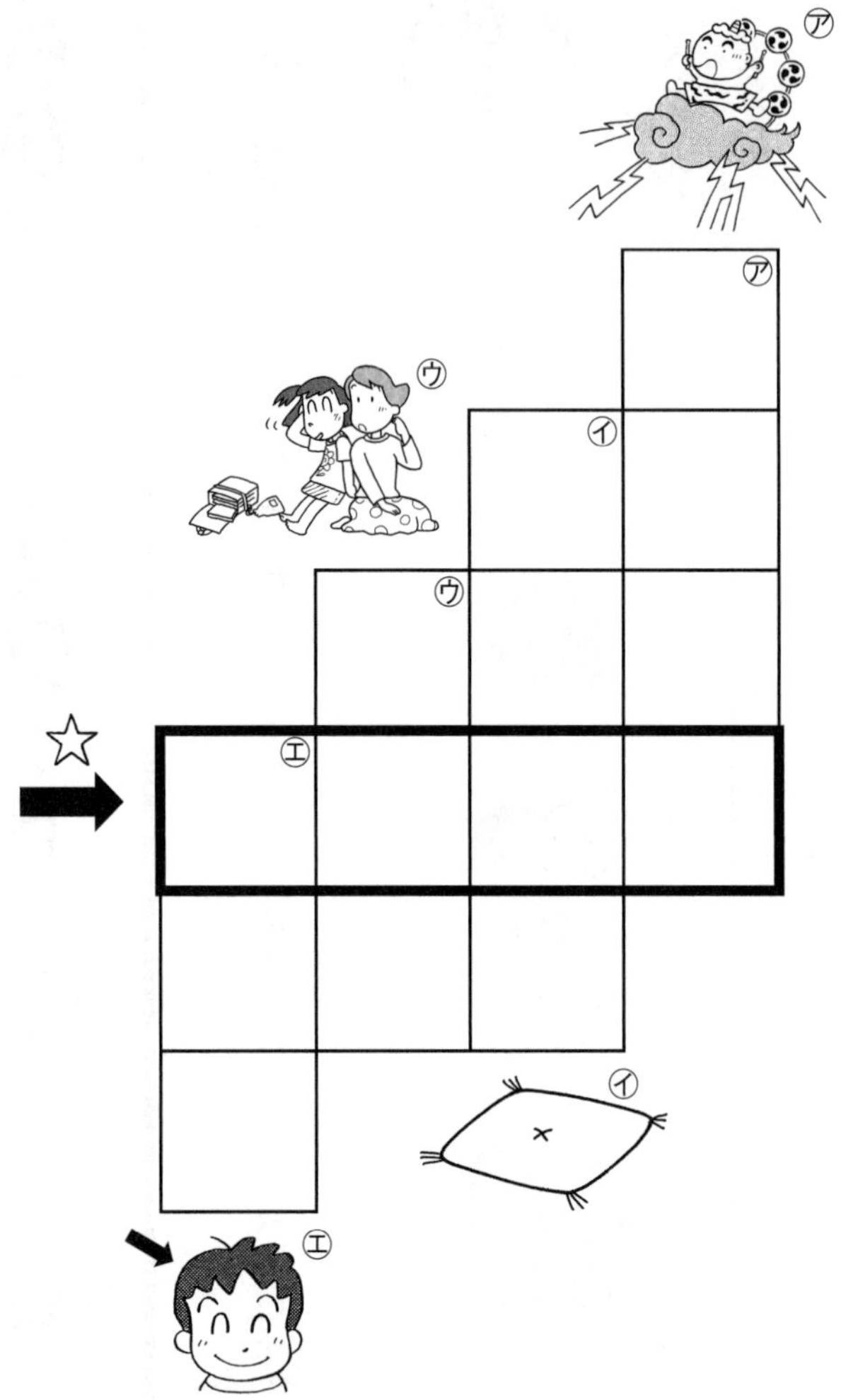

☆

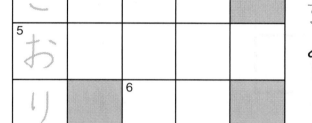

ひらがな クロスワード ⑦

なまえ

がつ　にち

1 かぎを 見《み》て、クロスワードを かんせい させましょう。

タテのかぎ

1 デンデンムシの こと。
♪デンデンムシムシ
♪○○○○○

2 四《よっ》つの 角《かど》が ある 形《かたち》。

3 イネの わらの くず。
「○○○○長者《ちょうじゃ》」

4 字《じ》の こと。
「文字」と 書《か》く。

5 こどもの日《ひ》に 食《た》べる
おもち。

9 学校《がっこう》の 休《やす》みの 日。
「○○よう日」

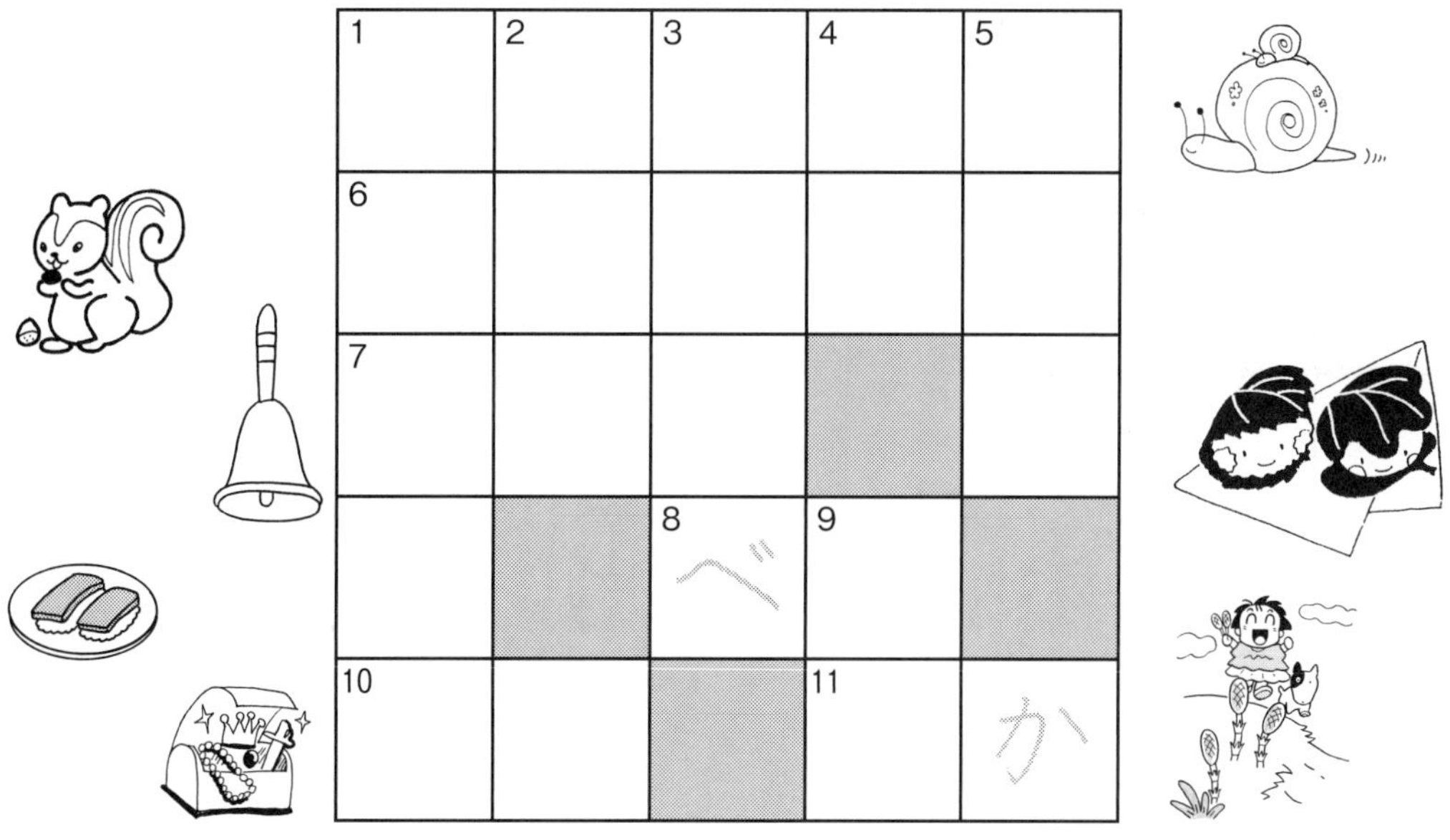

ヨコのかぎ

1 かしわの はに つつ
まれて いる おもち。

6 たからが かくされた
しま。

7 春《はる》、土手《どて》などに 生《は》える。
食《た》べられる 草《くさ》。

8 くちびるに ぬるもの。
「くち○○」

10 森《もり》に すむ どうぶつ。
しっぽが 太《ふと》い。

11 地《じ》めんの 下《した》。

2 絵《え》を 見て、㋐~㋔に 名前《なまえ》を 書きましょう。
☆は、ゆびや ひもを つかって あそびます。

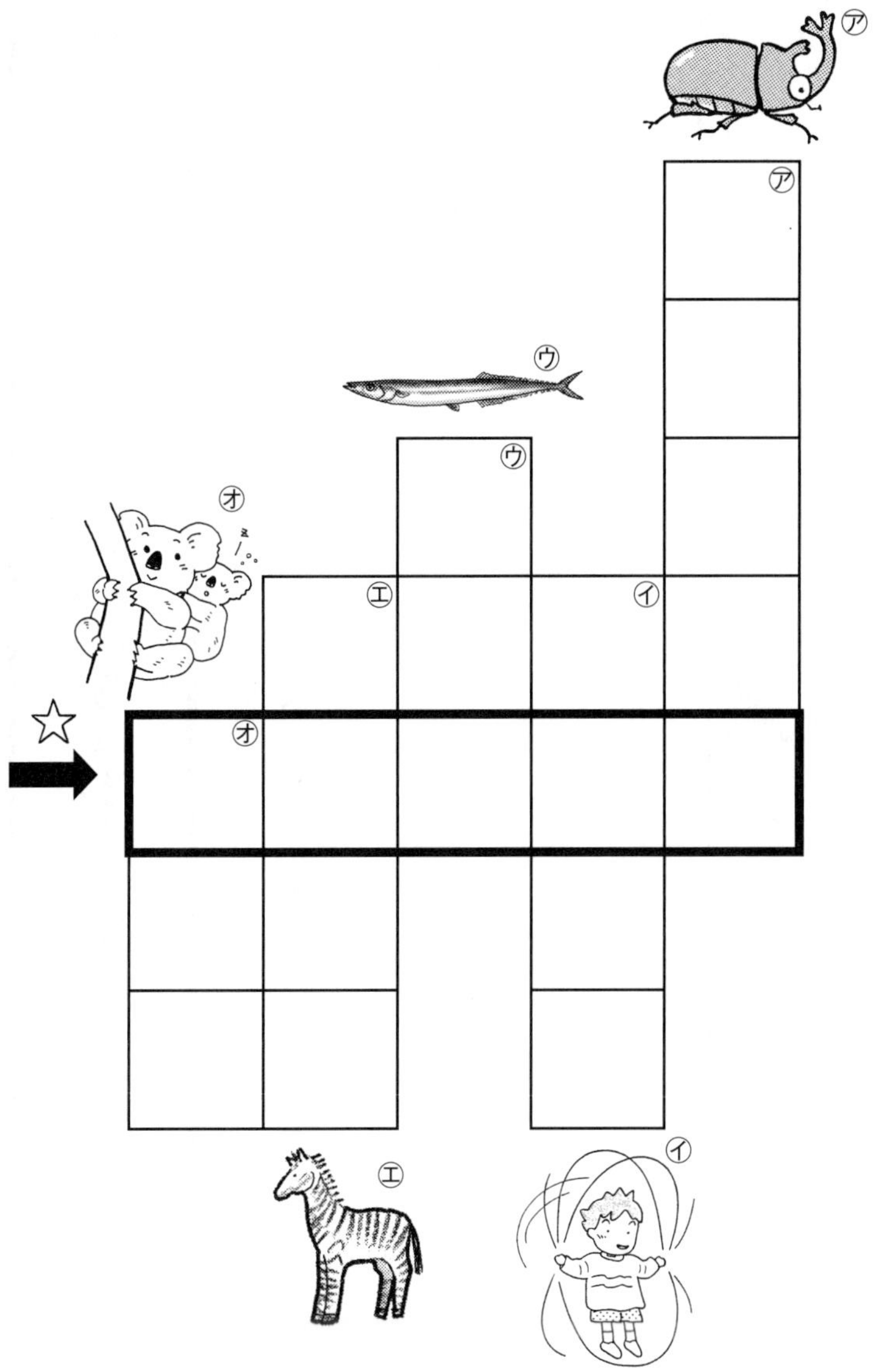

☆

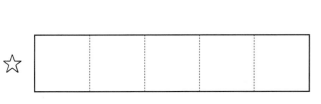

☆☆

ひらがな　クロスワード　⑧

なまえ

がつ　にち

1　かぎを　見《み》て、クロスワードを　かんせい　させましょう。

タテのかぎ

1　年《ねん》がじょうの　紙《かみ》。「ゆうびん○○○」

2　びょう気《き》や　けがを　なおすために　つかう　もの。

3　人《ひと》を　よぶために　鳴《な》らす　すず。

6　何《なに》かの　ために、自分《じぶん》の　大切《たいせつ》な　ものを　ささげる　こと。

7　けむりの　中《なか》に　ある　黒《くろ》い　こな。○○まみれに　なる。

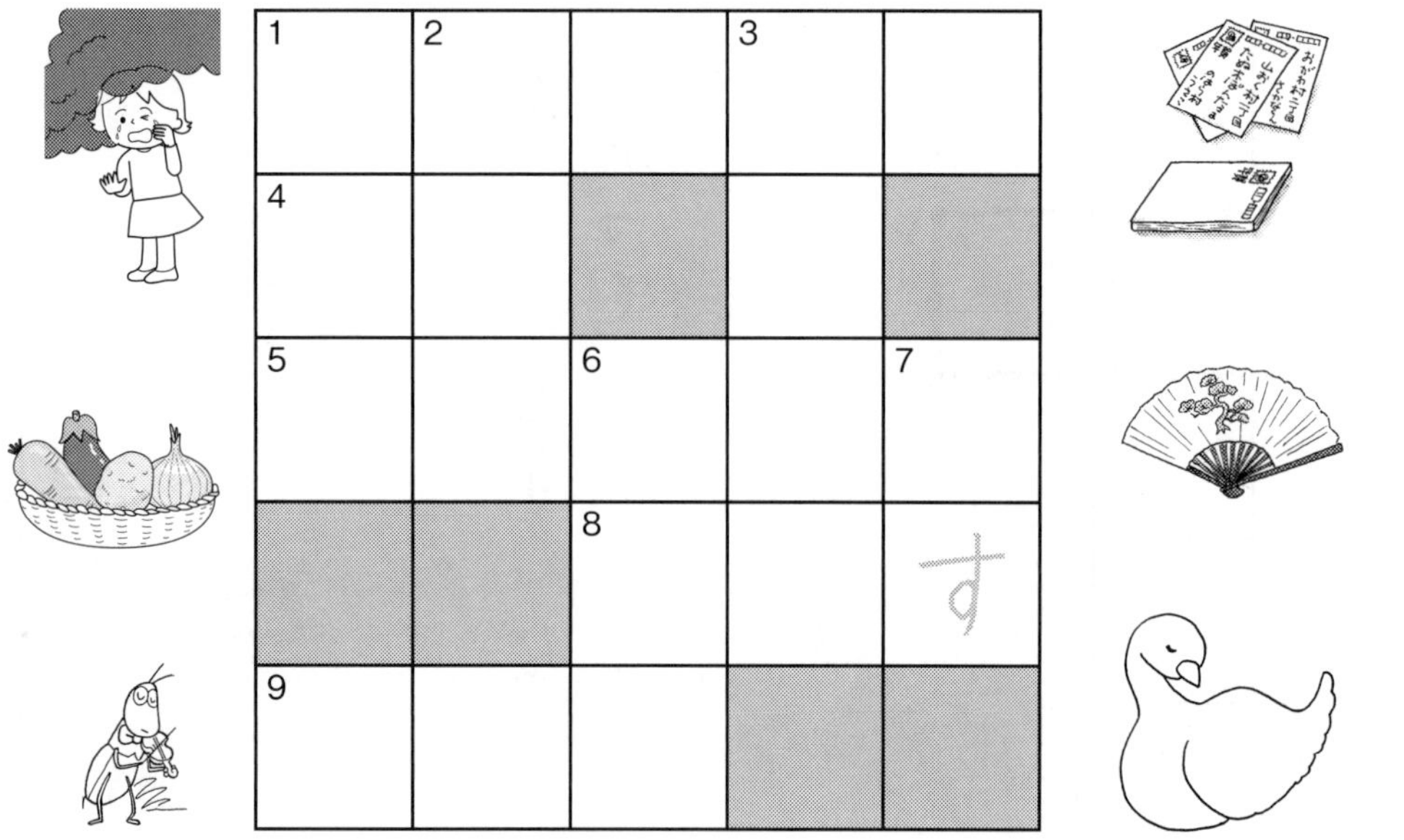

ヨコのかぎ

1　白《しろ》い　大《おお》きな　鳥《とり》。

4　りょうりや　おふろに　つかう　もの。電気《でんき》と　○○。

5　夏《なつ》の　おわり　ころ　野原《のはら》に　いる　虫《むし》。「アリと　○○○○○」

8　あおいで　風《かぜ》を　おこす。うちわ　みたい。たためる。

9　大《だい》こんなど　はたけで　そだてる　食《た》べもの。

2　絵《え》を　見《み》て、㋐〜㋔に　名前《なまえ》を　書《か》きましょう。☆は、プロペラの　ような　かたちです。

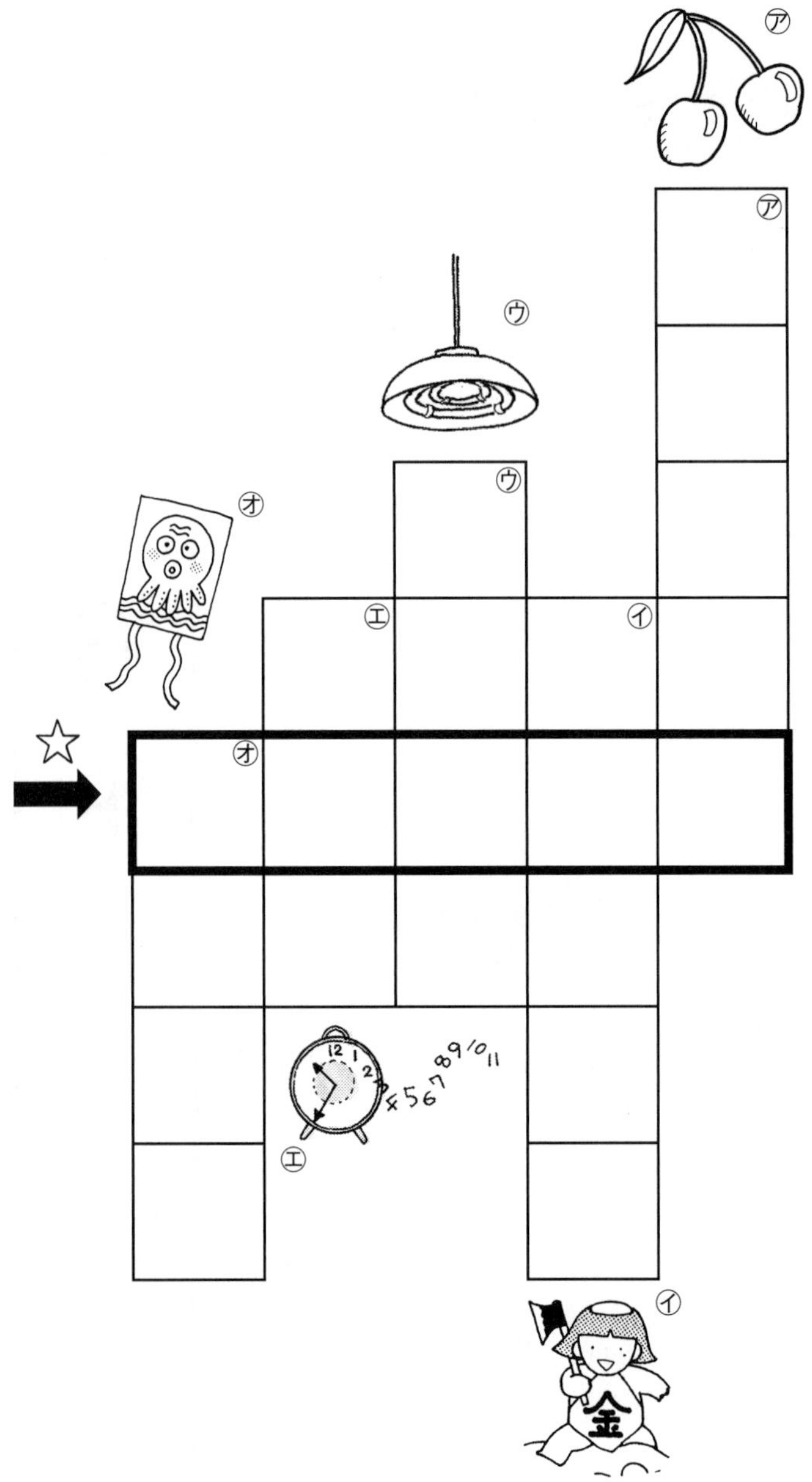

☆

カタカナ　クロスワード ①

なまえ

がつ　にち

1　かぎを 見《み》て、 カタカナ クロスワードを かんせい させましょう。

タテのかぎ

1　こん虫《ちゅう》の 王《おう》さま「○○○ムシ」

2　しけん。これで 百点《ひゃくてん》を とると うれしい。

3　はじまる こと。デパートが ○○○○ する。

5　せきが 出《で》た ときに はなと 口《くち》を おおう もの。

1		2		■
	■		■	3
4	5		■	ー
■		■	■	
6				

ヨコのかぎ

1　はこの 形《かたち》で ホットケーキ みたいな おかし。

4　赤《あか》い やさい。「ミニ○○○」は 食《た》べやすい。

6　えいがなどを うつす まく。

2　絵《え》を 見《み》て カタカナ ことばの しりとりを しましょう。

カタカナ クロスワード ②

なまえ　　　がつ　　にち

[1] かぎを 見《み》て、カタカナ クロスワードを かんせい させましょう。

タテのかぎ

1 小麦《こむぎ》こに ミルクなどを まぜて やいた おかし。

2 しあいで 同《おな》じ 点数《てんすう》に なること。

3 まちがうこと。

4 海《うみ》の 中《なか》を のんびり およぐ 体《からだ》の うしろが ないような 魚《さかな》。

5 木《き》の みを じょうずに 食《た》べる ネズミに にた どうぶつ。

1	2	3		■
6		ス	■	4
	■	■	7	
8	5	ー	■	
9		■	10	

ヨコのかぎ

1 レモンには 「○○○C」が 多《おお》い。

6 上《うえ》から 読《よ》んでも 下《した》から 読んでも 同じ 国《くに》。

7 このごろ、ごはんよりも 多《おお》く 食べられて いる。

8 木の こと。「クリスマス○○ー」

9 ボールを かるく 上に 上《あ》げる こと。

10 りく上《じょう》で 一番《いちばん》 大《おお》きい 「アフリカ○○」

[2] 絵《え》を 見て カタカナ ことばの しりとりを しましょう。

かん字 しりとり・クロスワード ①

なまえ

がつ　にち

1 かん字《じ》の しりとりを しましょう。同《おな》じ かん字でも 読《よ》み方《かた》が かわる ものも あります。

① 読《どく》書《しょ》 → 書《しょ》道《どう》 → □《みち》□《くさ》 → □《そう》□《げん》

② 青《せい》春《しゅん》 → □《はる》□《かぜ》 → □《ふう》雨《う》 → □《あま》戸《ど》

③ 食《しょく》□《ご》 → □《あと》□《さき》 → □《せん》頭《とう》 → □《ず》□《じょう》

2 かぎを 見《み》て、かん字 クロスワードを かんせい させましょう。

タテ

① じゃくにく きょうしょく
〔つよい ものが、よわい ものを おさえて さかえる こと。〕

② かいがきょうしつ
〔え のかきかたを おしえて くれる ところ。〕

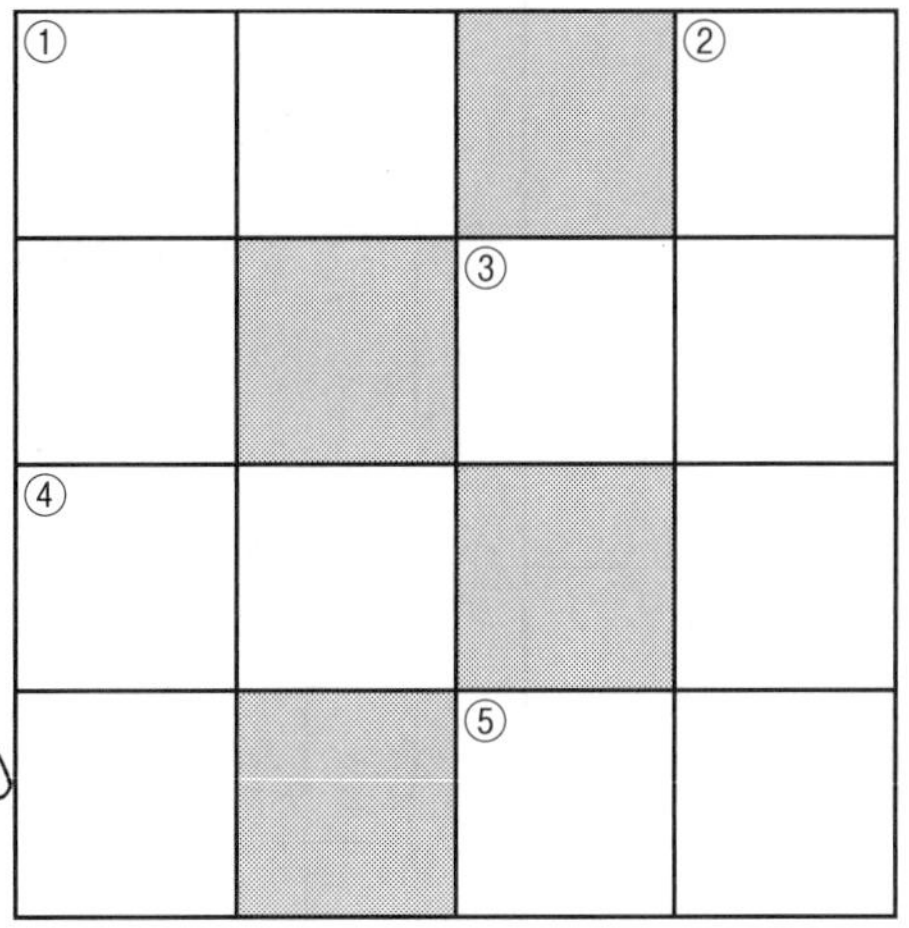

ヨコ

① じゃくてん
〔よわい ところ。〕

③ けいかく
〔まえもって 考えて おくこと。〕

④ きょうりょく
〔ちからが つよいこと。〕

⑤ ちゃしつ
〔おちゃを たてて のむ へや。〕

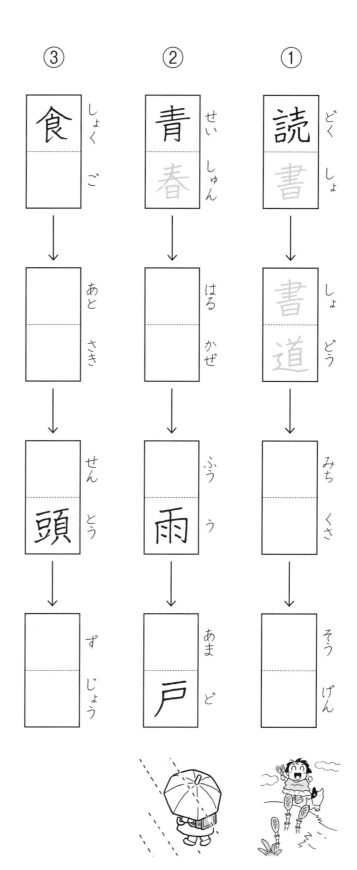

かん字《じ》 しりとり・クロスワード ②

なまえ

がつ にち

1 かん字《じ》の しりとりを しましょう。
同《おな》じ かん字でも 読《よ》み方《かた》が かわる ものも あります。

① 母《はは》□《おや》 → □《しん》□《せつ》 → □《きっ》手《て》 → □《しゅ》□《わ》

② 正《しょう》□《じき》 → □《ちょく》□《つう》 → □《つう》行《こう》 → □《ぎょう》水《ずい》

③ 風《ふう》□《せん》 → □《ふな》□《で》 → □《しゅつ》場《じょう》 → □《ば》□《あい》

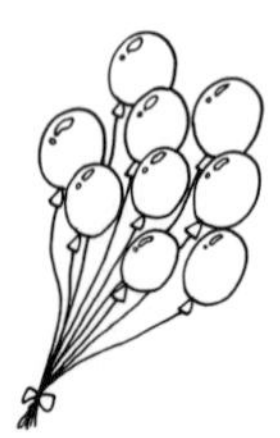

2 かぎを 見《み》て、かん字 クロスワードを かんせい させましょう。

①		②	■
	■	③	④
⑤	⑥	■	
■	⑦		

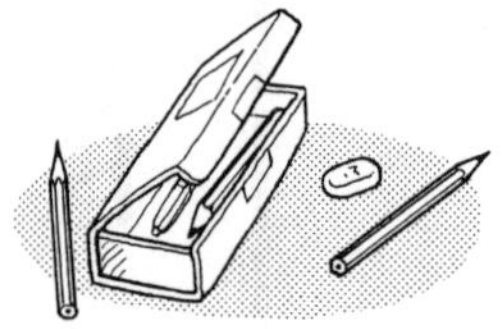

タテ

① きんようび
「木《もく》ようびの つぎ。」

② しじょう
「かみの うえ。新聞《しんぶん》の 記《じ》じが あるページ。」

④ しゅこうひん
「きかいで なく てで 作《つく》った しなもの。」

⑥ すうがく
「小学校《しょうがっこう》では さんすう。中学校《ちゅうがっこう》では すうがく。」

ヨコ

① きんいろがみ
「きんいろの いろがみ。」

③ じょうず
「「うわて」とも 読《よ》む。」

⑤ にっすう
「ひにちの かず。」

⑦ がくようひん
「学校《がっこう》の べん強《きょう》で 使《つか》う しなもの。」

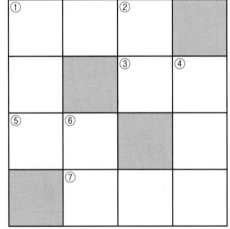

かん字 しりとり・クロスワード ③

なまえ

がつ　にち

1 かん字《じ》の しりとりを しましょう。同《おな》じ かん字でも 読《よ》み方《かた》が かわる ものも あります。

① 花 はな・□ み → □ けん・学 がく → □ がく・□ せい → □ なま・□ みず

② 手 て・足 あし → □ あし・□ おと → □ ね・色 いろ → □ しき・□ し

③ 大 おお・□ あめ → □ あま・水 みず → □ すい・□ じょう → □ じょう・□ くう

④ 川 かわ・□ かみ → □ かみ・□ て → □ て・□ ほん → □ ほん・□ き

2 色《いろ》を まぜて、 ちがう 色を 作《つく》ります。□に 入《はい》る かん字を 書《か》きましょう。

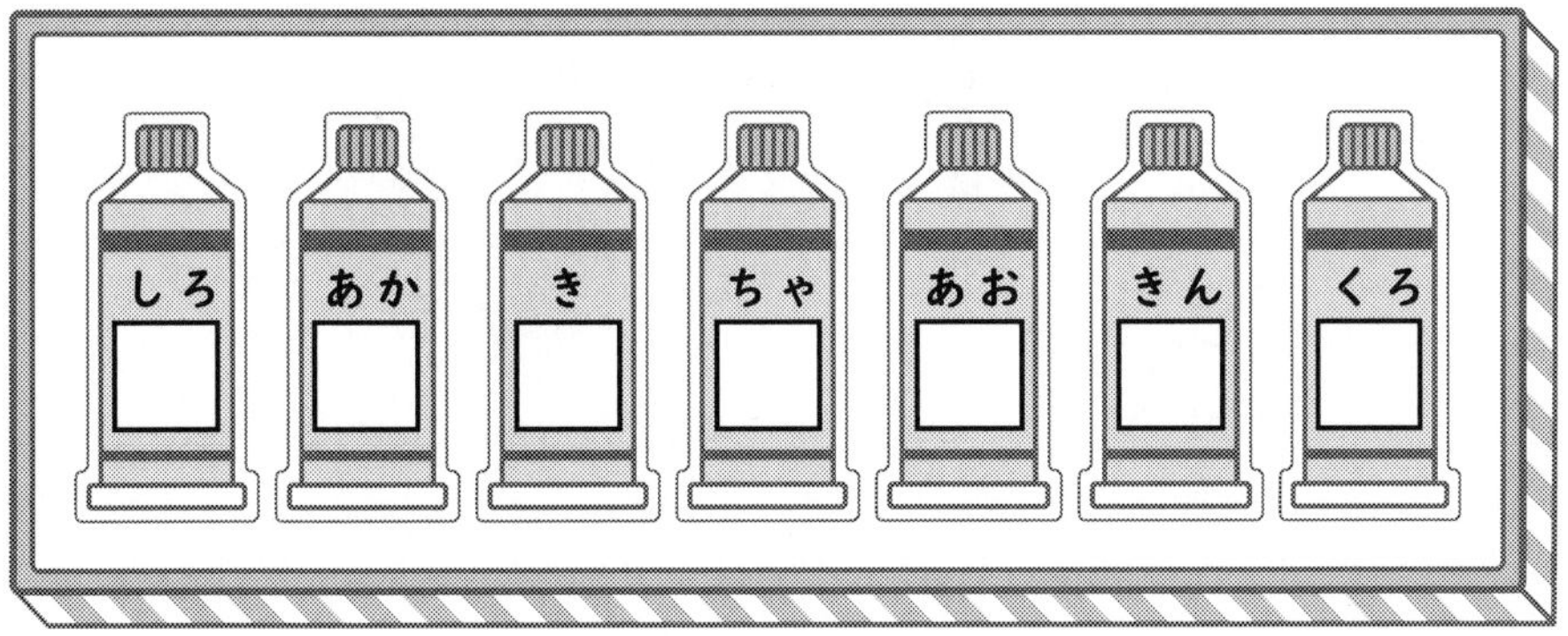

① あか□ ＋ あお□ ⇒ むらさき

② あか□ ＋ き□ ⇒ オレンジ

③ あお□ ＋ き□ ⇒ みどり

④ あお□ ＋ しろ□ ⇒ みず いろ□

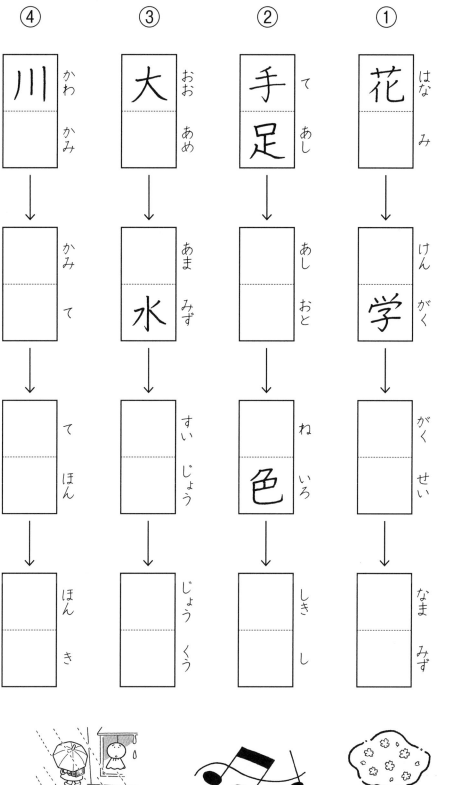

低学年　答え

【P．3】

◎ひらがなの　かくれんぼ　①

1 ①い　②け　③か　④う　⑤で　⑥あ

2 ①わかめ　②くじら　③きつね　④たいこ　⑤くすり

【P．4】

◎ひらがなの　かくれんぼ　②

1 ①み　②ず　③き　④い　⑤さ　⑥ち

2 ①うぐ（いす）　②きつ（つき）　③こう（もり）　④（い）のし（し）　⑤し（いた）け

【P．5】

◎ひらがなの　かくれんぼ　③

1 (1) ①さ　②く　③ら　さくら

(2) ①な　②か　③よ　④し　なかよし

2

た	け	の	こ	と	さ	ら
ま	は	た	お	け	る	い
ね	あ	え	り	い	ぬ	お
ぎ	し	ろ	う	そ	く	ん

あし

【P．6】

◎ひらがなの　かくれんぼ　④

1 (1) ①ほ　②う　③か　④ご　ほうかご

(2) ①た　②い　③よ　④う　たいよう

2

さ	い	こ	ろ	お	は	り
に	ふ	ま	つ	み	ら	ん
あ	め	ち	や	か	ん	ご
は	ゆ	な	す	ん	け	う

ふゆ

【P．7】

◎カタカナの　かくれんぼ　①

1 ①ズ　②ス　③ン　④イ　⑤ル

2 ①カメラ　②サラダ　③トマト　④タクシ（ー）　⑤（ア）ザラ（シ）

【P．8】

◎カタカナの　かくれんぼ　②

1 ①ア　②キ　③チ　④パ　⑤ラ

2 ①ン　②パ　③ラ　④イ　⑤ゴ

【P．9】

◎一文字　ちがうだけで　①

1 ①　②　③　④　⑤

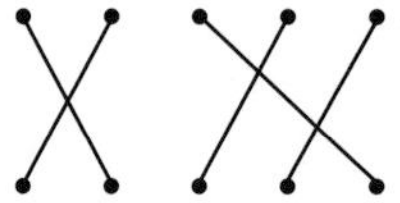

㋐まっくら　㋑まっと　㋒ねっこ　㋓なっつ　㋔まっち

2 (1) ㋐いしや　㋑いしゃ

(2) ㋐びよういん　㋑びょういん

【P．10】

◎一文字　ちがうだけで　②

1 ①が　②かぎ　③ふぐ　④ごま　⑤ばね　⑥でんき

2 ①ざる　②だい　③ぶた　④だんす　⑤まげ

【P．11】

◎ことばの　へんしん　①

1 ①さくら　②うさぎ　③つばめ　④いちご　⑤からす

2 ①いんこ　②いるか　③みるく　④いくら　⑤とけい

【P．12】

◎ことばの　へんしん　②

1 ①ラッコ　②クジラ　③アシカ　④ライオン　⑤トナカイ　⑥ニワトリ

2 （れい）

①
き
きじ
きりん
きつつき

②
さ
さる
さかな
ざりがに

③
か
かに
かえる
かもしか
かぶとむし

④
は
はと
ぱんだ
はやぶさ
はくちょう

【P．13】

◎ことばの　へんしん　③

1 ①さくら　②すみれ　③つくし　④たんぽぽ　⑤ひまわり　⑥あさがお

2

（れい）①

た
たこ
たぬき
だいこん

②

す
すし
すいか
すきやき

③

し
しか
しずく
しいたけ
じどうしゃ

④

ピ
ピザ
ピアノ
ピーマン
ピーナッツ

【P. 14】

◎くっつきを さがせ ①

1 ① は ② は ③ は

2 ① を ② を ③ を

3 ① へ ② へ ③ へ

【P. 15】

◎くっつきを さがせ ②

1 ① 妹は、絵本を 読んでいます。
② わたしは、わにを 見た。
③ おじさんを、むかえに 行きました

2

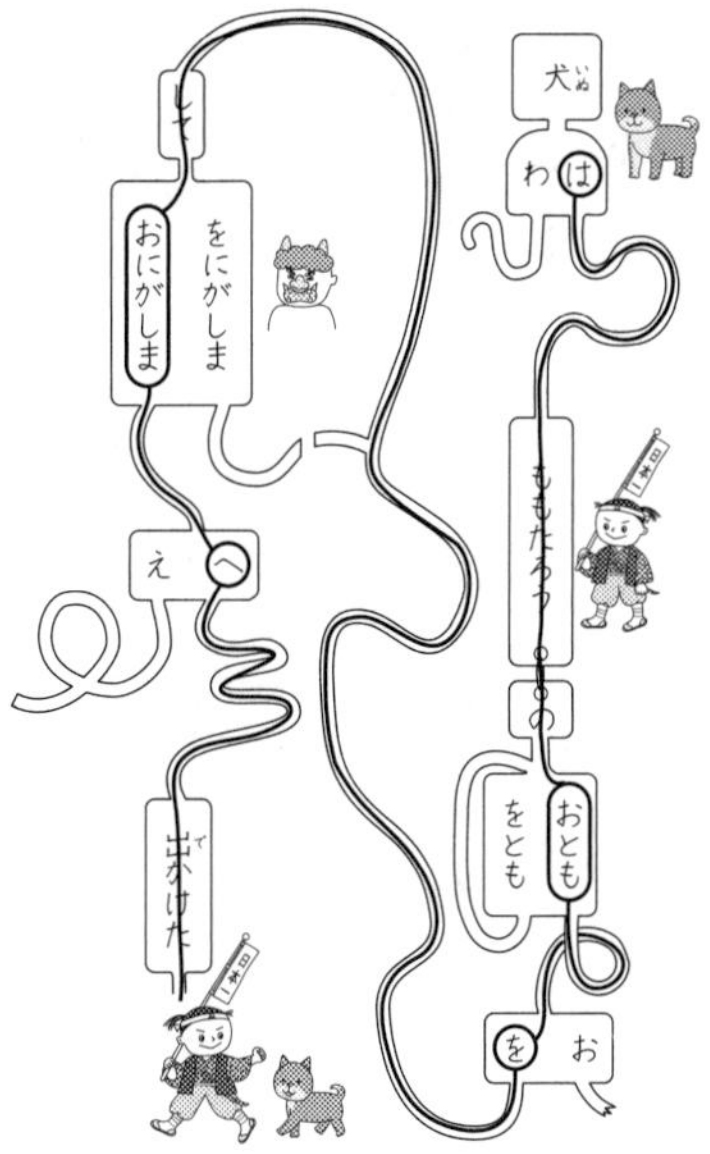

【P. 16】

◎ようすを あらわす ことば

1 ①—㋒ ②—㋑ ③—㋐ ④—㋓ ⑤—㋕ ⑥—㋔

2 ① ㋓ ② ㋒ ③ ㋕ ④ ㋑ ⑤ ㋖ ⑥ ㋔ ⑦ ㋐

【P. 17】

◎なかま ことば ①

(1) ① ぞう ② きりん ③ らいおん ④ ぱんだ
なかまことば どうぶつ

(2) ① ふね ② でんしゃ ③ ひこうき ④ くるま（じどうしゃ）
なかまことば のりもの

(3) ① みかん ② りんご ③ かき ④ さくらんぼ
なかまことば くだもの（たべもの）

【P. 18】

◎なかま ことば ②

1 ① 名まえ（ことば） ② うごき（ことば） ③ ようす（ことば） ④ 音やようす（ことば）

2 名まえことば：フライパン
うごきことば：わらう
ようすことば：すくない
音やようすことば：バタン、うろうろ

【P. 19】

◎なかま ことば ③

✿ ① 公園、日本、りんご
② わらう、考える、書く
③ しずかだ、かわいい、やわらかい
④ トントン、よちよち、ゴロゴロ

【P. 20】

◎なかま ことば ④

✿ ① 走る（はしる）
② 明るい（あかるい）
③ たいよう
④ 教室（きょうしつ）

【P. 21】

◎なかま ことば ⑤

✿ ① ㋒ ② ㋔ ③ ㋐ ④ ㋑ ⑤ ㋓ ⑥ ㋔

【P. 22】

◎なかまの ことばを ぬろう

1

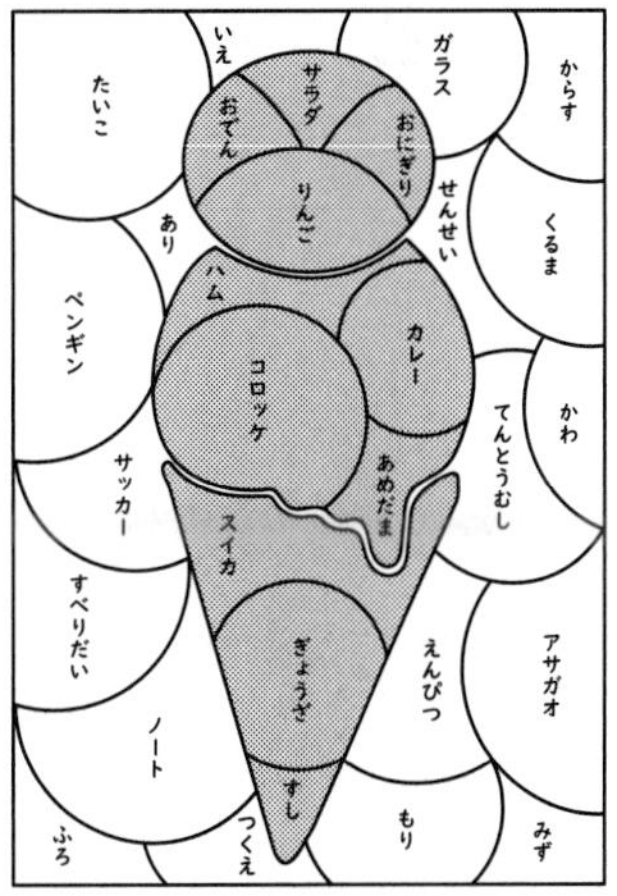

ソフトクリーム

2

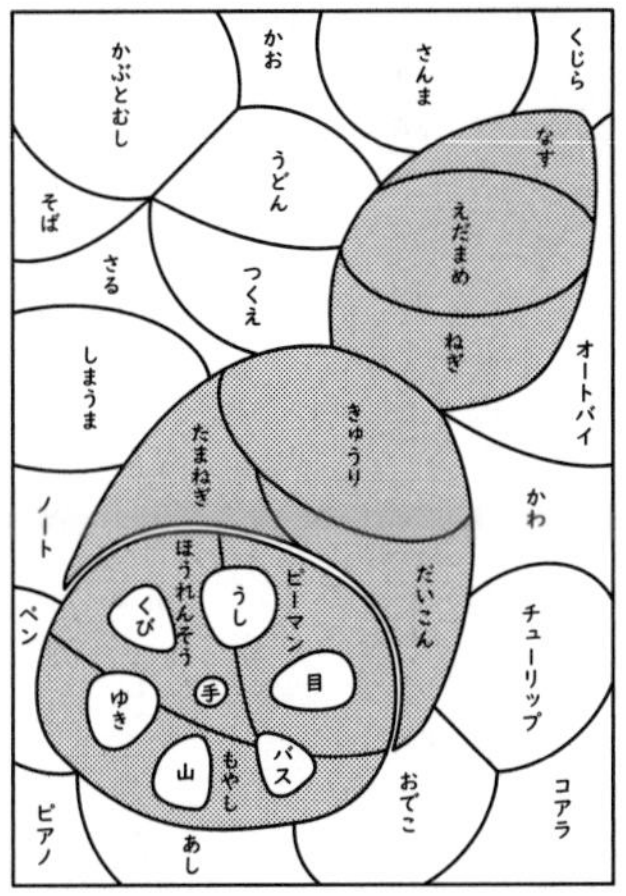

れんこん

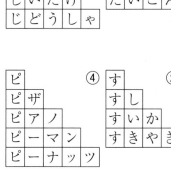

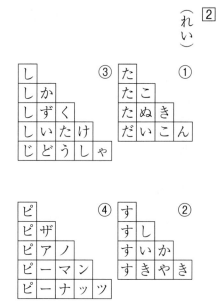

【P. 23】

◎つなぎ　ことばの　めいろ

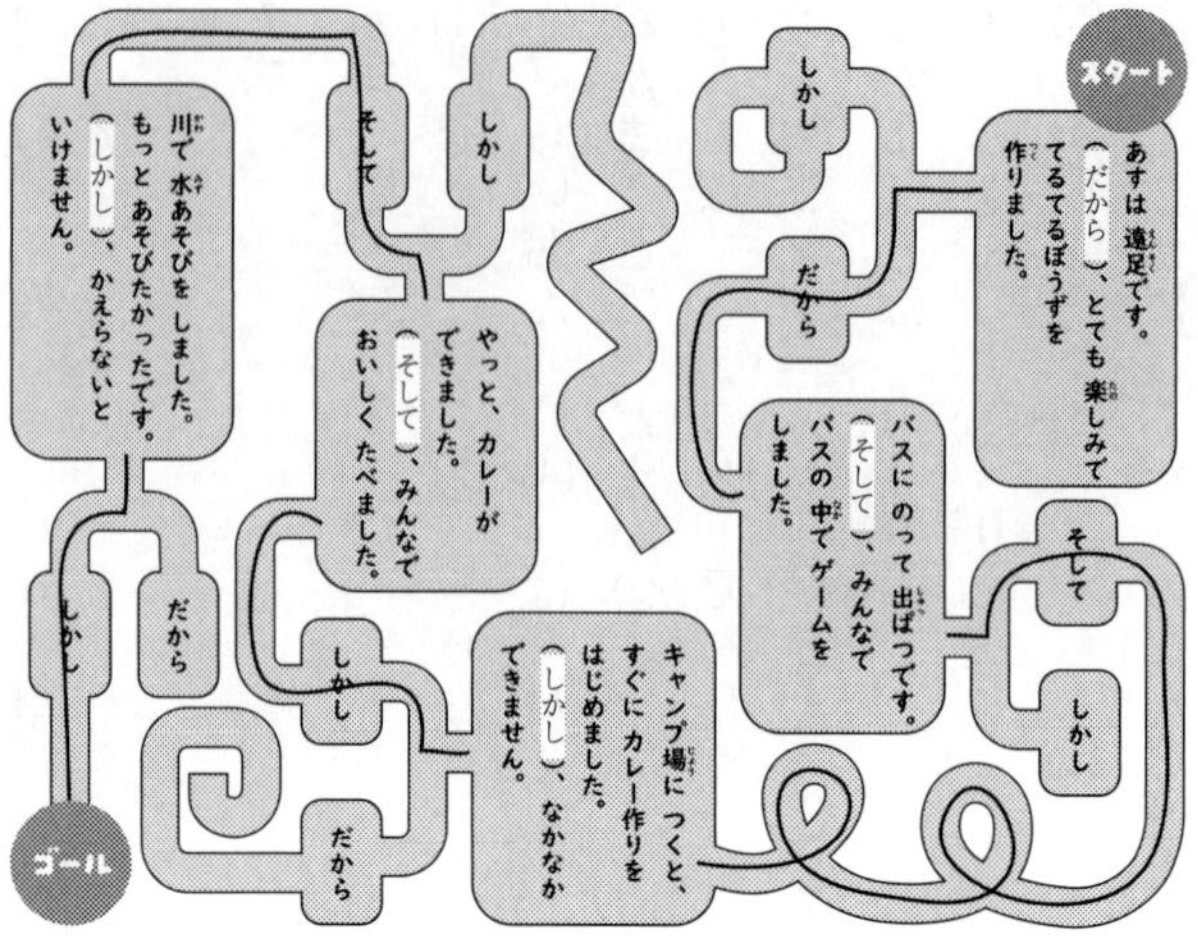

【P. 24】

◎道　あんない　①

(1)　さかなや　(2)　はなや

(3)　しんごうき　(4)　くすりや、右

(5)　おてら

【P. 25】

◎道　あんない　②

(1)　いちょう　(2)　左

(3)　すなば、赤いやね　(4)　はし

(5)　のぼりぼう、左　(6)　上が　三角

【P. 26】

◎上から　読んでも　下から　読んでも　①

1　①　（やお）や　②　（みな）み

③　な（ずな）　④　こ（ねこ）

⑤　（きつ）つ（き）　⑥　た（うえ）う（た）

⑦　（くる）み（とみ）るく

2　①　たぶんぶた　②　にわにわに

③　うたうたう　④　がけでけが

⑤　うまがまう　⑥　たいやいた

【P. 27】

◎上から　読んでも　下から　読んでも　②

①　たけやぶやけた　②　イカたべたかい

③　てんぐのぐんて　④　なつまでまつな

⑤　ダンスがすんだ　⑥　ミルクとくるみ

⑦　よるニンジンにるよ

【P. 28】

◎上から　読んでも　下から　読んでも　③

①　たし（かに）か（した）

②　（カメだけだ）めか

③　イルカ（はかるい）

④　ねずみ（がのむ）のが（水ね）

⑤　（夜が雨、あす）あめあがるよ

⑥　（よき秋よああ、）よきあきよ

⑦　くさ（の名は）しらず（、めずらし）はな（のさく）

【P. 29】

◎上から　読んでも　下から　読んでも　④

①　るすになにする

②　わたしまけましたわ

③　よるセミをみせるよ

④　かんけいないけんか

⑤　なかざきやのやきざかな

⑥　なくなこねこよこねこなくな

【P. 30】

◎かん字の　なりたち　①

1　(1)

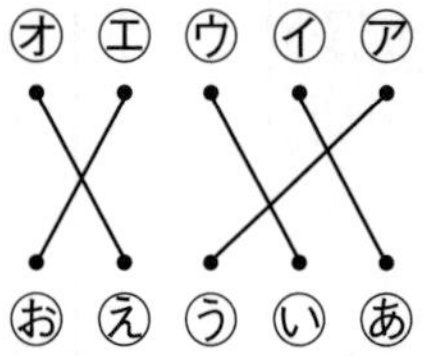

(2)

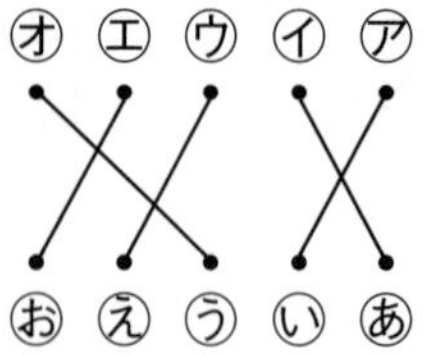

2　①　山、月　②　竹、虫

③　子、車　④　田、雨

【P. 31】

◎かん字の　なりたち　②

1　(1)

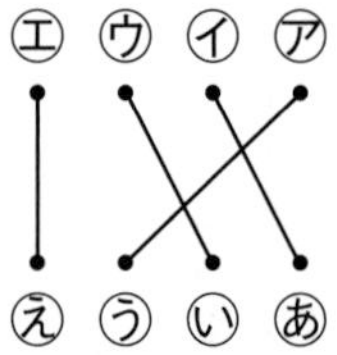

(2)

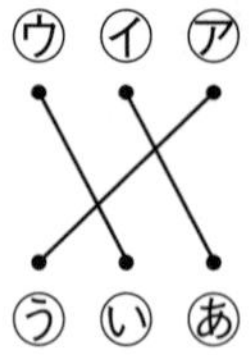

2　①　百　②　十

③　五　④　千

3　①　男　②　森

③　見　④　糸

【P. 32】

◎かん字の　なりたち　③

1　(1)

㋐—え　→　魚

㋑—い　→　鳥

㋒—お　→　馬

㋓—あ　→　牛

㋔—う　→　羽

(2)

㋐—う　→　角

㋑—お　→　米

㋒—い　→　日

㋓—え　→　弓

㋔—あ　→　矢

2　①　分　②　算

③　弱　④　室

【P. 33】

◎かん字の　なりたち　④

1　(1)

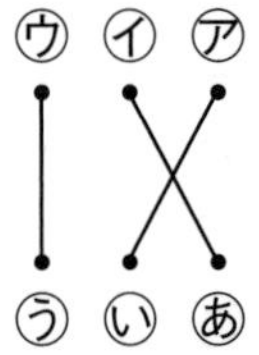

友　明　回

(2)

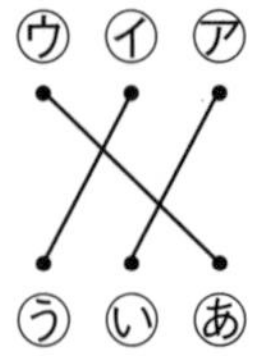

雲　雪　電

2　①　森　②　林

③　川　④　池

⑤　水　⑥　海

【P. 34】

◎おくりがなを　見つけよう　①

1　①　る　②　い

③　れる　④　める（まる）

2

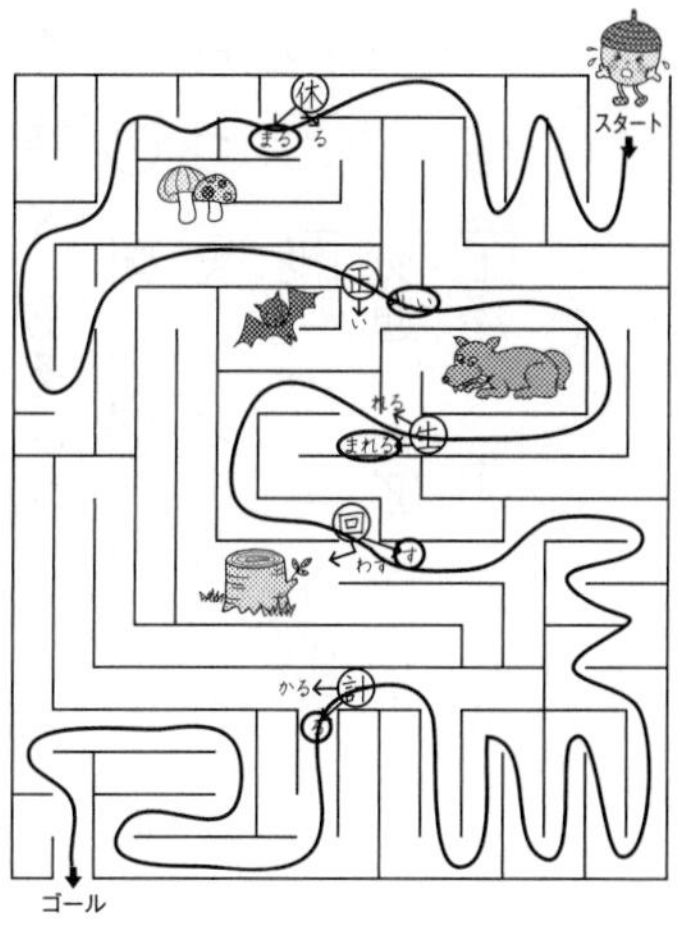

【P.35】

◎おくりがなを 見つけよう ②

1 ① える ② う ③ く ④ い

2

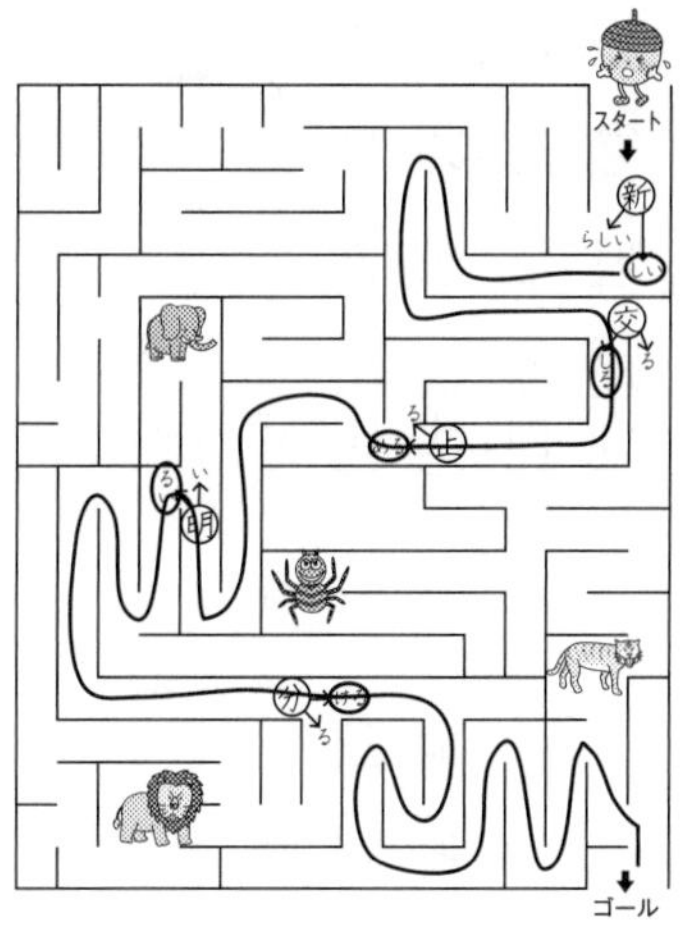

【P.36】

◎どんな かん字？ ①

1 ① 円 ② 生 ③ 気 ④ 右 ⑤ 村 ⑥ 花

2 (1)

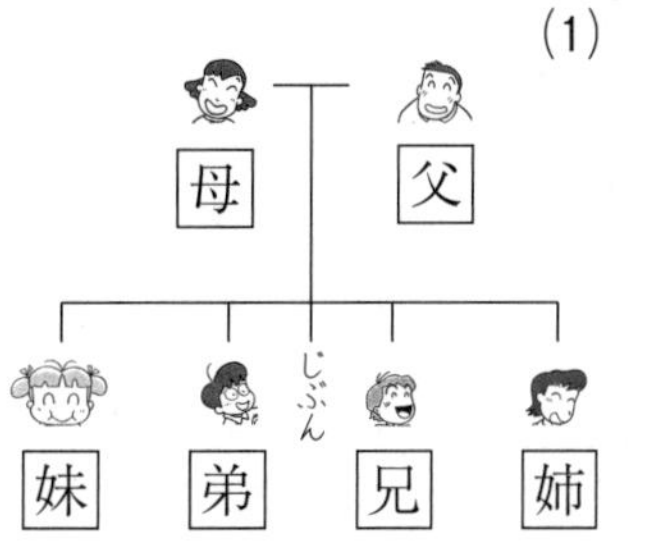

(2)

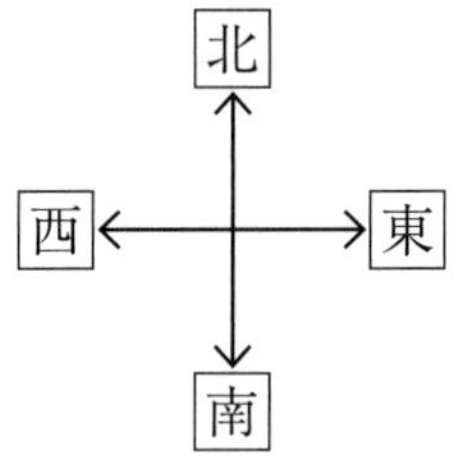

【P.37】

◎どんな かん字？ ②

1 ① 見 ② 日 ③ 林 ④ 上 ⑤ 王 ⑥ 雨

2 土

本	王	耳	田	大
貝	小	水	赤	中
川	日	足	月	玉
年	子	木	白	円
目	火	手	口	土

【P.38】

◎どんな かん字？ ③

1 山

音	目	東	川	千
王	火	黒	雨	字
冬	花	春	貝	秋
青	気	北	糸	南
夏	白	黄	西	赤

2 ① 耳 ② 首 ③ 体 ④ 後（ろ）足 ⑤ 角 ⑥ 頭 ⑦ 口 ⑧ 前足

【P.39】

◎どんな かん字？ ④

1 ① 遠 ② 新 ③ 売 ④ 多 ⑤ 弱 ⑥ 晴 ⑦ 後 ⑧ 話 ⑨ 帰 ⑩ 細

2 心

米	止	才	秋	馬	遠	引
方	矢	算	元	顔	夏	頭
国	太	兄	光	図	話	会
父	刀	社	合	音	海	母
理	当	妹	谷	冬	岩	雲
風	内	楽	今	牛	弓	語
春	分	数	弟	姉	科	工

【P.40】

◎どんな かん字？ ⑤

1 ① 子 ② 校 ③ 字 ④ 火 ⑤ 車 ⑥ 耳

2 ① 休 ② 校 ③ 村 ④ 早 ⑤ 音 ⑥ 学 ⑦ 字

【P.41】

◎どんな かん字？ ⑥

1 ① 文 ② 青 ③ 貝 ④ 音 ⑤ 左 ⑥ 字

2 ① 早 ② 先 ③ 森 ④ 花 ⑤ 草 ⑥ 校

【P.42】

◎どんな かん字？ ⑦

1 ① 売 ② 茶 ③ 活 ④ 買 ⑤ 高 ⑥ 算

2 ① 夜 ② 語 ③ 晴 ④ 昼 ⑤ 親 ⑥ 遠

【P.43】

◎じゅく語で あそぼう ①

1 (1)

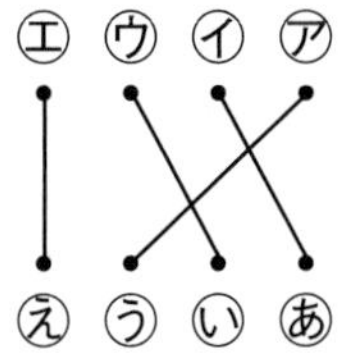

(2)

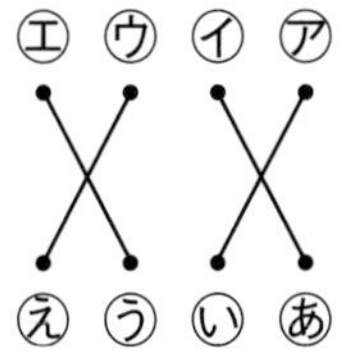

2 (1)

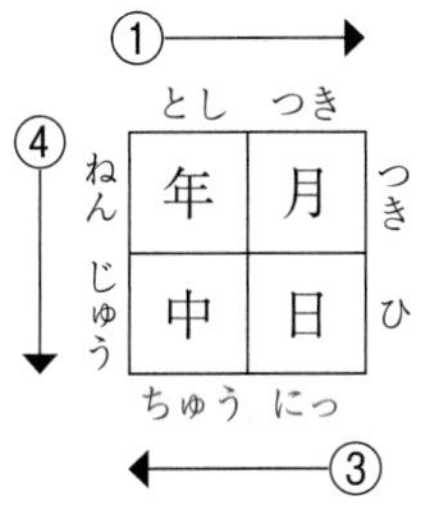

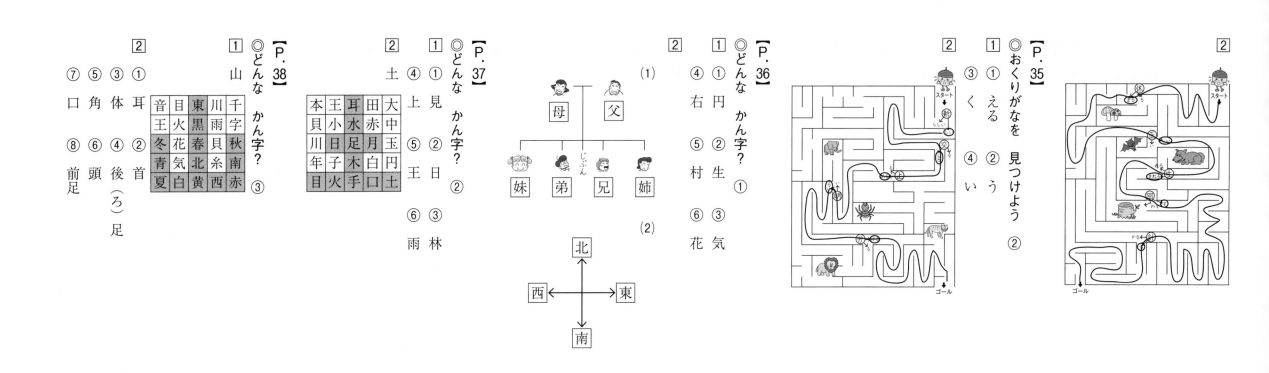

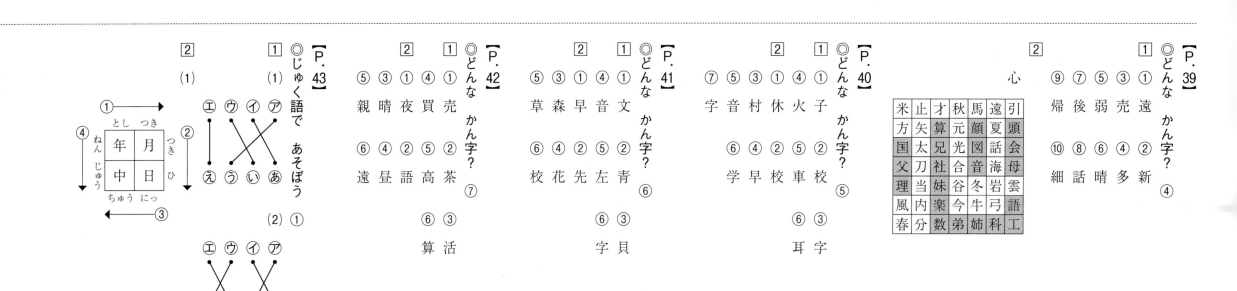

(2)

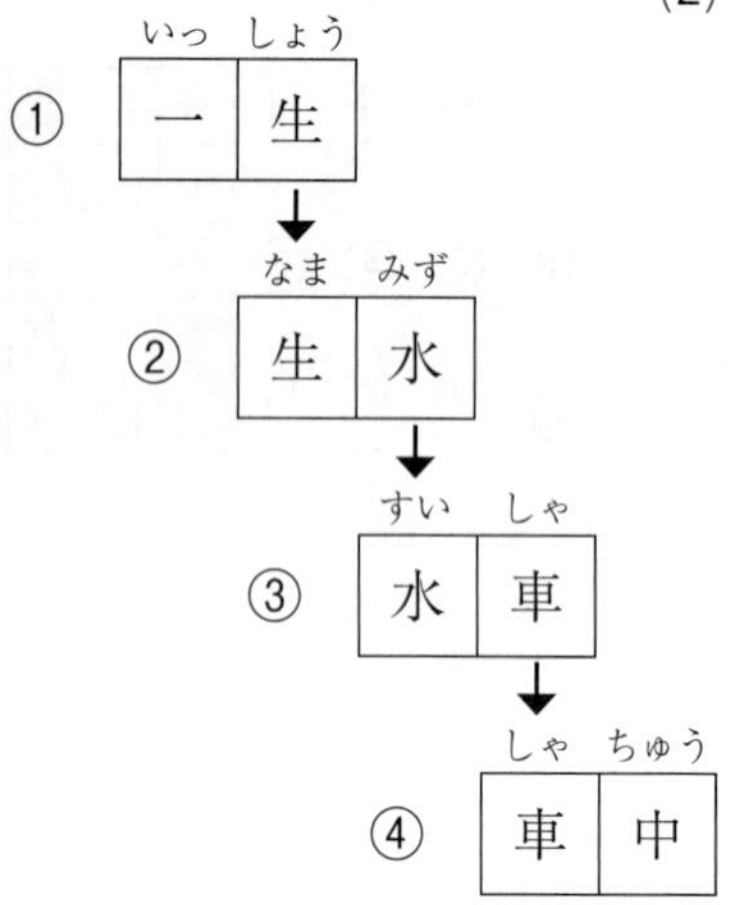
① 一《いっ》生《しょう》
② 生《なま》水《みず》
③ 水《すい》車《しゃ》
④ 車《しゃ》中《ちゅう》

【P.44】

◎じゅく語で あそぼう ②

1 (1)

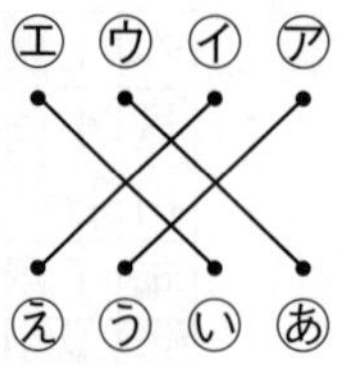
㋐ ㋑ ㋒ ㋓
あ い う え

(2)

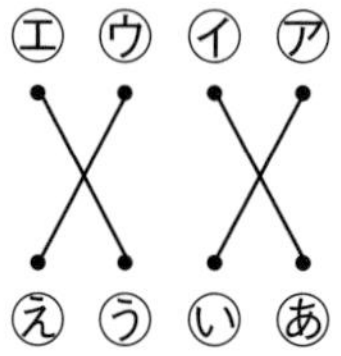
㋐ ㋑ ㋒ ㋓
あ い う え

2 (1)

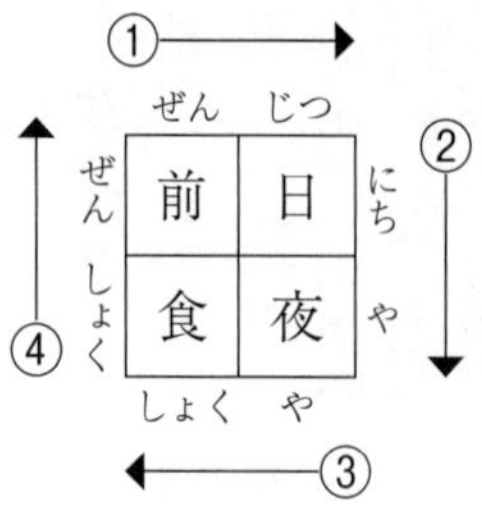
①
②
③
④
前 日
食 夜
ぜん じつ
にち や
しょく や
ぜん しょく

(2)

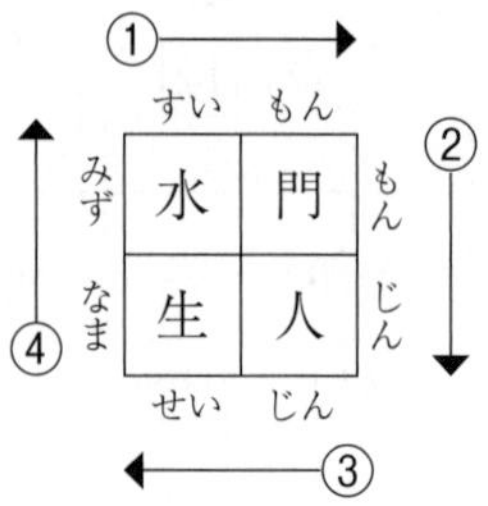
①
②
③
④
水 門
生 人
すい もん
もん じん
せい じん
みず なま

【P.45】

◎じゅく語で あそぼう ③

1 ① 角 ② 読 ③ 考 ④ 答

2 (1)

① 新聞
② 音楽
③ 日曜
④ 水道
室
紙
水
日

(2)

① 魚
② 紙
③ 高
④ 糸
市場
電話
風船
学年

【P.46】

◎じゅく語で あそぼう ④

1 ① ㋐ 園（公園） ㋑ 遠（遠足）
② ㋐ 池（電池） ㋑ 地（地下）
③ ㋐ 絵（絵画）
④ ㋐ 理（理科）
⑤ ㋐ 汽（汽車）

2 ① 電線 ② 読書
③ 会場 ④ 歩道

【P.47】

◎じゅく語で あそぼう ⑤

1 (1) ① 国 ② 会 ③ 間
(2) ① 親 ② 電 ③ 書

2 (1) ① 親切 ② 中心 ③ 新聞
(2) ① 交通 ② 高校生
③ 工場 ④ 行どう

【P.48】

◎かん字 まちがい さがし

✿ ① ㋐ 大 ㋑ 犬 ㋒ 見
② ㋐ 王 ㋑ 玉
③ ㋐ 学 ㋑ 校 ㋒ 字
④ ㋐ 木 ㋑ 本
⑤ ㋐ 右 ㋑ 足 ㋒ 石
⑥ ㋐ 虫 ㋑ 中 ㋒ 貝 ㋓ 入

【P.49】

◎かん字で ダジャレ ①

✿ ① 雨天 ② 見
③ 昼 ④ 白 百才
⑤ 車内（社内でもよい）
⑥ 車 来 ⑦ 紙
⑧ 帰 ⑨ 羽

【P.50】

◎かん字で ダジャレ ②

✿ ① 刀 買 ② 外車 会社
③ 池 ④ 考
⑤ 教頭 ⑥ 道
⑦ 天道 ⑧ 海外

【P.51】

◎かん字で ダジャレ ③

✿ ① 先頭 ② 校長
③ 行 ④ 四時 用
⑤ 先生 ⑥ 三歩
⑦ 店頭 電 点 ⑧ 回 店

【P.52】

◎早口ことば ①

✿ ① にわには
にわ
にわとりがいる
② あかパジャマ
きパジャマ
ちゃパジャマ
③ カエルぴょこぴょこ
みぴょこぴょこ
あわせて
ぴょこぴょこ
むぴょこぴょこ

【P.53】

◎早口ことば ②

1 ① なまむぎ
なまごめ
なまたまご
② となりのきゃくは
よくかきくうきゃくだ
③ ぼうずがびょうぶに
じょうずに
ぼうずのえをかいた

2　㋐　㋑　しょうりゃく

【P.54】

◎ものは　づくし

❀さよなら　三角　またきて　四角
四角は　とうふ
とうふは　白い
白いは　うさぎ
うさぎは　はねる
はねるは　カエル
カエルは　青い
青いは　やなぎ
やなぎは　ゆれる
ゆれるは　ゆうれい
ゆうれいは　きえる

【P.55】

◎なぞなぞ　①

❀①　ちりとり　②　か
③　うま　④　エンジン
⑤　パパイヤ　⑥　サイ（さい）
⑦　うし（ウシ）　⑧　ネクタイ
⑨　ふみきり　⑩　えきちょう

【P.56】

◎なぞなぞ　②

❀①　ガラガラヘビ
②　しか（はいしゃのことをしかいという）
③　エイ　④　らくだ
⑤　しろくま
⑥　きつね（コンコンなくから）
⑦　けむし　⑧　さけ

【P.57】

◎なぞなぞ　③

❀①　うし（モーモーとなく）
②　ワシ　③　うま
④　ひよこ（火のよこ）
⑤　ちょうちょ（う）
⑥　とかげ
⑦　ぞう　⑧　かめ
⑨　たい　⑩　りす

【P.58】

◎なぞなぞ　④

❀①　インコ（セキセイ）インコ
②　とら　③　カバ
④　サンショウ（ウオ）
⑤　あきたけん（＝秋田犬）
⑥　カタツムリ　⑦　いるか
⑧　金ぎょ（＝金魚）
⑨　ねずみ（ねずに見る）

【P.59】

◎なぞなぞ　⑤

❀①　食パン（「耳」があるから）
②　中学校（チュー学校）
③　せんぷうき　④　コーラ（こらっ）
⑤　わかめ　⑥　ジャパン
⑦　いくら　⑧　ぶらんこ
⑨　たっきゅう（ピンポン）　⑩　カレーライス

【P.60】

◎なぞなぞ　⑥

❀①　かいだん（こわい話を「かいだん」ともいう）
②　ちょうしんき（長しん＝せが高いこと）
③　テーブル（手、ブルっ）
④　いつか（五日）
⑤　いびき　⑥　ごはん
⑦　あやとり
⑧　サンタ（さん）（3、たさん→サンタさん）

【P.61】

◎かんようく

1　①　かた　②　あし
③　うで　④　はら
⑤　あたま

2　①　はな　②　口
③　ひたい　④　耳
⑤　目

【P.62】

◎ことわざ　①

❀①　②　③　④　⑤　⑥

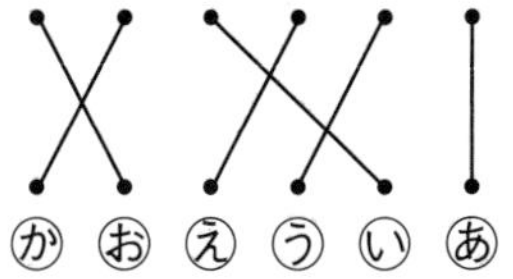

【P.63】

◎ことわざ　②

❀①　ねこ
②　うま
③　いぬ
④　ぶた
⑤　たい
⑥　ねずみ

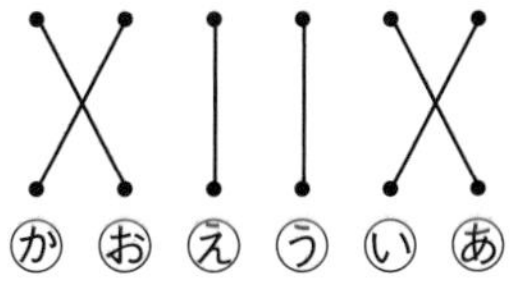

【P.64】

◎ことわざ　③

❀①　うなぎ
②　いたち
③　きつね
④　むし
⑤　うま
⑥　ねこ

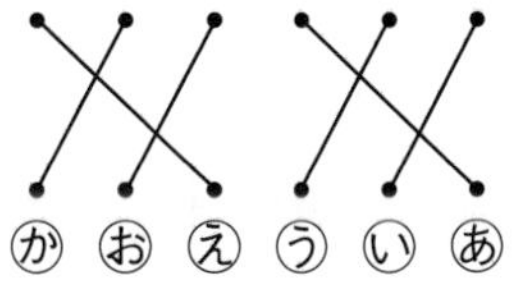

【P．65】

◎ことわざ　④

❀ ① つる　② いたち

③ すずめ　④ きつね

⑤ へび、かえる　⑥ ねこ

⑦ すっぽん

【P．66】

◎ことわざ　⑤

1 ① さる　② ねこ

③ かえる　④ からす

⑤ たぬき

2 ① ねこ―ぶた

② さる―かっぱ

③ はち

【P．67】

◎ひらがな　クロスワード　①

1

[1]ら	[2]く	だ	■
[3]い	ろ	■	[4]こ
[5]お	い	[6]し	い
ん	■	[7]お	し

2

スタート　め　だ　か　き　の　こ　い　の　ぼ　り　す　ず　め　ゴール

【P．68】

◎ひらがな　クロスワード　②

1

[1]く	す	[2]り	■
だ	■	[3]す	[4]き
[5]も	[6]も	■	も
[7]の	り	も	の

2

スタート　え　ん　ぴ　つ　く　し　ま　う　ま　つ　た　け　い　と　け　い　ゴール

【P．69】

◎ひらがな　クロスワード　③

1

[1]え	ん	そ	[2]く
ん	■	■	ら
[3]と	[4]な	[5]か	い
[6]つ	ら	ら	■

2

スタート　す　い　か　い　か　だ　る　ま　ん　も　す　ず　む　し　ず　く　ゴール

【P．70】

◎ひらがな　クロスワード　④

1

[1]う	[2]ぐ	[3]い	[4]す
■	[5]う	す	い
[6]か	ぜ	■	か
[7]き	ん	こ	■

2

スタート　た　け　う　ま　く　ら　（つ）　こ　お　ろ　ぎ　（ゆ）　う　に　く　も　ゴール

【P．71】

◎ひらがな　クロスワード　⑤

1

[1]ら	い	[2]ち	[3]よ	[4]う
い	■	[5]え	ん	じ
[6]き	[7]も	の	■	こ
[8]や	く	わ	[9]り	■
[10]く	じ	■	[11]く	ぎ

2

			㋐み
	㋒と		か
	ん	㋑き	づ
➡☆ ㋓は	ね	つ	き
が	る	ね	
き			

☆ はねつき

【P．72】

◎ひらがな　クロスワード　⑥

1

こ	[2]う	[3]し	[4]や	■
[5]お	し	ず	も	う
り	■	[6]か	り	■
[7]や	[8]ね	■	■	[9]え
■	[10]こ	う	え	ん

2

			㋐か
		㋑ざ	み
	㋒お	ぶ	な
➡☆ ㋓あ	や	と	り
た	こ	ん	
ま			

☆ あやとり

【P．73】

◎ひらがな　クロスワード　⑦

1

[1]か	[2]し	[3]わ	[4]も	[5]ち
[6]た	か	ら	じ	ま
[7]つ	く	し	■	き
む	■	[8]べ	[9]に	■
[10]り	す	■	[11]ち	か

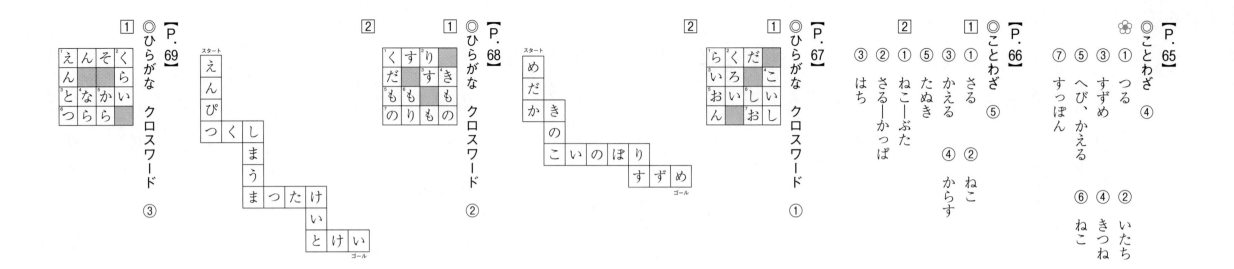

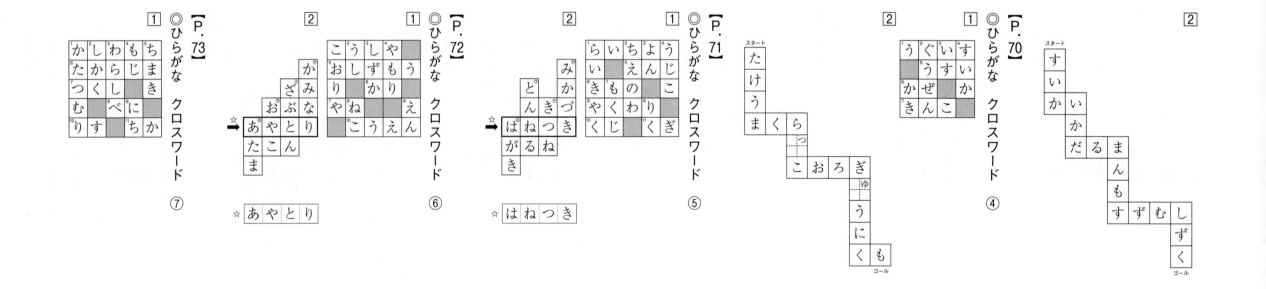

2

				か
				ぶ
		さ		と
	し	ん	な	む
こ	ま	ま	わ	し
あ	う		と	
ら	ま		び	

☆ こままわし

【P.74】

◎ひらがな　クロスワード⑧

1

は	く	ち	よ	う
が	す	■	び	■
き	り	ぎ	り	す
■	■	せ	ん	す
や	さ	い	■	■

2

				ざ
				く
		で		ら
	ど	ん	き	ん
た	け	と	ん	ぼ
こ	い	う	た	
あ			ろ	
げ			う	

☆ たけとんぼ

【P.75】

◎カタカナ　クロスワード①

1

カ	ス	テ	ラ	■
ブ	■	ス	■	オ
ト	マ	ト	■	ー
■	ス	■	■	プ
ス	ク	リ	ー	ン

2

スタート

バ						
ナ						
ナ	シ					
	カ	エ	ル			
			ー			
			レ			
			ッ			
			ト	ナ	カ	イ
						ン
						コ

ゴール

【P.76】

◎カタカナ　クロスワード②

1

ビ	タ	ミ	ン	■
ス	イ	ス	■	マ
ケ	■	■	パ	ン
ッ	リ	ー	■	ボ
ト	ス	■	ゾ	ウ

2

スタート

チ								
ョ								
コ								
レ								
ー								
ト	ラ	ッ	ク					
			リ					
			ス					
			マ					
			ス	コ	ッ	プ		
						リ		
						ン		
						ト	マ	ト
								ッ
								プ

ゴール

【P.77】

◎かん字　しりとり・クロスワード①

1

① 読書―書道―道草―草原

② 青春―春風―風雨―雨戸

③ 食後―後先―先頭―頭上

2

弱	点	■	絵
肉	■	計	画
強	力	■	教
食	■	茶	室

【P.78】

◎かん字　しりとり・クロスワード②

1

① 母親―親切―切手―手話

② 正直―直通―通行―行水

③ 風船―船出―出場―場合

2

金	色	紙	■
曜	■	上	手
日	数	■	工
■	学	用	品

【P.79】

◎かん字　しりとり・クロスワード③

1

① 花見―見学―学生―生水

② 手足―足音―音色―色紙

③ 大雨―雨水―水上―上空

④ 川上―上手―手本―本気

2

① 赤＋青⇒むらさき

② 赤＋黄⇒オレンジ

③ 青＋黄⇒みどり

④ 青＋白⇒水色

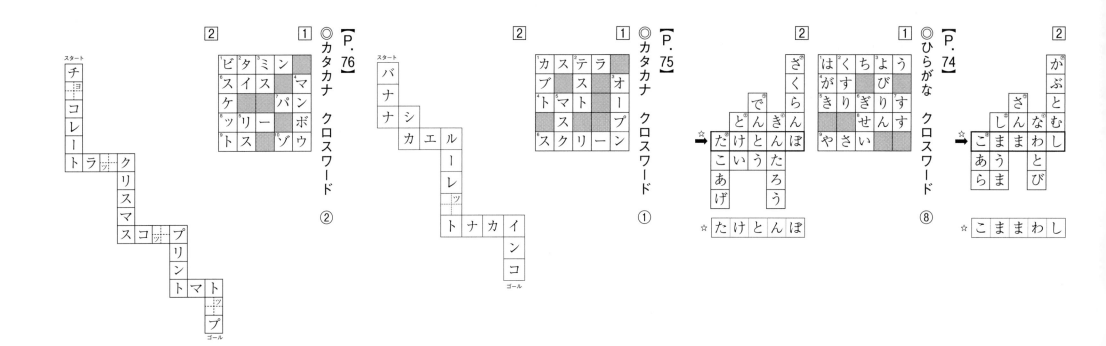

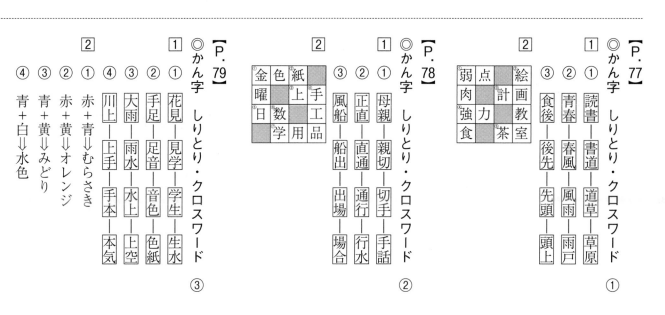

ことばの習熟プリント あそび編　小学1・2年生

2023年6月10日　初版　第1刷発行

著　者　宮崎《みやざき》　彰嗣《しょうじ》、馬場田《ばばた》　裕康《ひろやす》

発行者　面屋　洋

企　画　フォーラム・A

発行所　清風堂書店

〒530-0057　大阪市北区曽根崎2-11-16

TEL 06-6316-1460／FAX 06-6365-5607

振替　00920-6-119910

制作編集担当　蒔田　司郎

表紙デザイン　ウエナカデザイン事務所

※乱丁・落丁本はおとりかえいたします。